电费业务数智体系
建设与应用

国网浙江省电力有限公司 ◎ 编著

图书在版编目（CIP）数据

电费业务数智体系建设与应用 / 国网浙江省电力有限公司编著 . -- 北京 : 企业管理出版社 , 2024.10
ISBN 978-7-5164-2939-6

Ⅰ.①电… Ⅱ.①国… Ⅲ.①数字化—应用—用电管理—费用—研究—中国 Ⅳ.① F426.61-39

中国国家版本馆 CIP 数据核字（2023）第 184606 号

书　　名：	电费业务数智体系建设与应用
书　　号：	ISBN 978-7-5164-2939-6
作　　者：	国网浙江省电力有限公司
策　　划：	蒋舒娟
责任编辑：	刘玉双
出版发行：	企业管理出版社
经　　销：	新华书店
地　　址：	北京市海淀区紫竹院南路17号　　邮编：100048
网　　址：	http://www.emph.cn　　电子信箱：metcl@126.com
电　　话：	编辑部（010）68701661　　发行部（010）68417763 / 68414644
印　　刷：	北京亿友数字印刷有限公司
版　　次：	2024年10月第1版
印　　次：	2024年10月第1次印刷
开　　本：	787mm×1092mm　　1/16
印　　张：	12.25 印张
字　　数：	258 千字
定　　价：	78.00 元

版权所有　翻印必究·印装有误　负责调换

编委会

主　　　任：何文其
副 主 编：裘华东　沈百强
委　　　员：

　　　　　　侯素颖　洪健山　曹瑞峰　马　明　张云雷
　　　　　　林少娃　吴朝阳　罗飞鹏　沈志宏　林　森
　　　　　　王舒颦　孙一申　胡　茜　罗　旋　沈晓斌
　　　　　　陆　雯　曾翰文　舒小婷　吴秀英　林　勇

编写组

主　　　编：袁　婷
副 主 编：王晓玲
编写委员会：

徐梦佳　王哲萍　赵　睿　俞思怡　蒋榆桐
黄建红　吴　凡　金　苑　李运程　赵秋喜
包卓慧　金晨蕾　张宏源　郭凌飞　金瓯涵
张　力　王迎卜　高　函　王子文　毛　怡
杨卓琦　刘　旭　章慧芸　冯诗恬　钱　彦

目 录

第一章　电费业务数智体系建设概述 … 1
第一节　电费业务模式的发展 … 1
第二节　电费业务的相关术语 … 9

第二章　自动抄表业务 … 11
第一节　抄表业务 … 11
第二节　实用案例 … 19

第三章　智能核算业务 … 22
第一节　核算业务 … 22
第二节　实用案例 … 30
第三节　电费退补 … 38

第四章　电费门禁业务 … 45
第一节　电费门禁规则 … 45
第二节　实用案例 … 81

第五章　智能收费业务 … 84
第一节　收费方式 … 84
第二节　电费解款与核定 … 91

第三节　电费退费、预收互转 ·················· 93

　　第四节　电费违约金 ·························· 96

　　第五节　销户余额清退 ························ 98

　　第六节　反洗钱 ······························ 101

第六章　电费票据管理 ·················· 106

　　第一节　电费账单 ···························· 106

　　第二节　电费电子发票 ························ 117

第七章　智能催费业务 ·················· 129

　　第一节　智能语音催费业务 ···················· 129

　　第二节　远程停复电 ·························· 136

　　第三节　实用案例 ···························· 139

第八章　市场化电费结算 ················ 145

　　第一节　发电企业市场化电费结算 ·············· 145

　　第二节　售电公司电费结算 ···················· 147

第九章　电费精益管控业务 ·············· 150

　　第一节　电费数字化管控体系 ·················· 150

　　第二节　指标说明书 ·························· 159

　　第三节　实用案例 ···························· 182

附录　多回路供电用户系统内电源运行方式等流程参数设置要求 ·········· 185

第一章 电费业务数智体系建设概述

电费业务体系的建设历来是电力营销业务工作的核心，也是电网企业各项业务不断转型升级的重要表现，深受各级领导和业务人员的重视。随着社会经济的全面发展和电力体制改革的进一步深化，电费业务体系的建设也在经历了不同阶段的发展后，逐步进入电费业务数智管理新模式时期，进一步向更高层次的标准化、规范化、精益化、数字化管理迈进。

第一节 电费业务模式的发展

电费业务是电网企业的核心业务之一，与电力客户的切身利益息息相关，不仅有专业的机构进行管理，如电费管理中心、营业及电费室、业务管控室，也有专业的人员进行支撑，如电费核算员、账务员。加强电费业务的管控，构建新型的数智管理体系，既是对传统电费业务模式的突破，也是电力改革发展的需要。经过多年发展，电费业务模式经历了分散管理、省级统一管理、集抄集收应用、电费业务数智体系建设等业务发展阶段，满足了各阶段电费业务规范化、系统化管理等各方面的需求，有效提升了电费工作管理水平。

一、分散管理阶段

受限于早期整体的社会经济发展状况不均衡、电力发展不协调、信息化建设不同步等情况，2007年之前各地市、各区县的电费业务体系建设水平不同。业务开展多是简单的信息系统集成和手工录入相结合，只能保证业务工作的正常开展，各项业务信息化、系统化程度不高，电费业务信息化建设水平整体较低。

电费业务的具体业务模块，如抄表管理、电费核算、收费账务以及电费报表等，有初步的业务划分和岗位分工，但管理模式较为单一，相关业务规则杂乱，未有效统一，各类业务之间缺乏有效连接，无法对整个电费业务的全过程进行系统化、标准化设计和管控。各地区的电费业务人员多是在线下开展工作，手工操作较多，产生的问题也较多而复杂，其主要原因在于人员业务水平参差不齐、信息化操作水平不高、业务规范度不高等。

此阶段初步对各项业务进行模块化、信息化、系统化的程序设计，给进一步整合做好了铺垫，手工处理的方式逐步向计算机程序处理的方式转变。计算机应用的普及和职业培训带动电费业务人员的思想观念的转变，提升了业务人员对系统操作的熟练度，给后续全面普及计算机及其他新型设备的相关应用打好了基础。

二、省级统一管理阶段

为系统性解决分散管理阶段的各种问题，营销业务应用标准化设计模式在 2007 年正式推出，标志着电费业务管理正式进入省级统一管理阶段。此模式依据《供电营业规则》（中华人民共和国电力工业部第 8 号令）、《关于颁发〈功率因数调整电费办法〉的通知》（国家物价局〔83〕水电财字 215 号）、《国家电网公司营业抄核收工作管理规定》（国家电网营销〔2005〕848 号）等文件进行设计，主要包括抄表管理、核算管理、电费收缴及账务管理等内容，具体如下所述。

（一）抄表管理

抄表管理是供电企业为了按时完成抄表工作而采取的手段和措施，是电费管理的一个重要环节和前提。总体工作流程如图 1-1 所示。

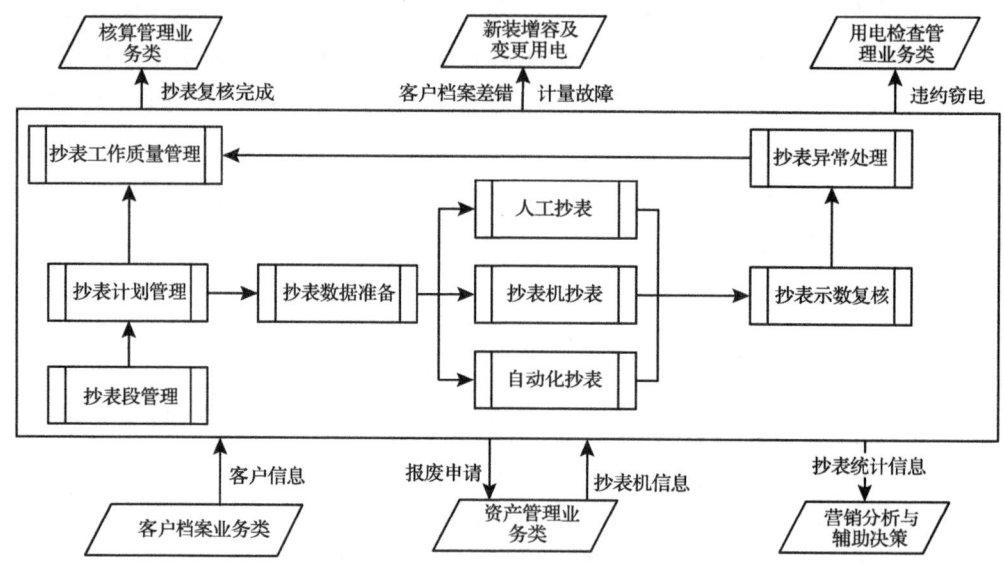

图 1-1　抄表管理流程图

（二）核算管理

核算管理是指从电费计算到电费审核，最后形成应收的全过程管理，是供电企业保证电费回收的一种手段和措施，同时也是电费管理的中枢和核心。总体工作流程如图 1-2 所示。

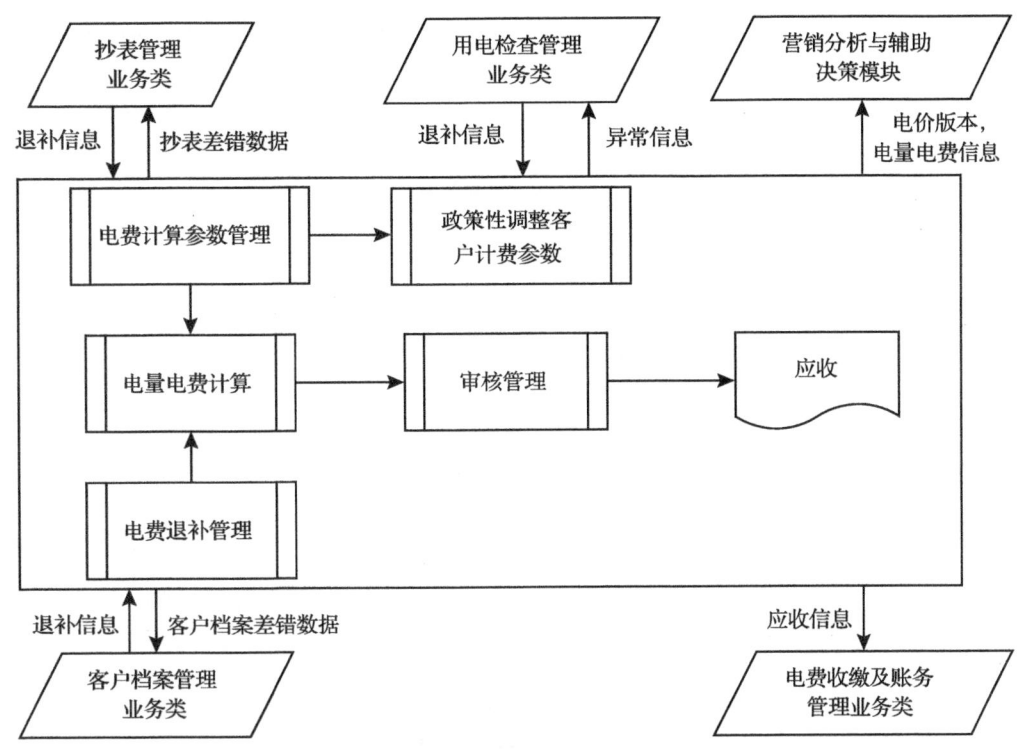

图 1-2 核算管理流程图

（三）电费收缴及账务管理

电费收缴及账务管理是指为了完成电费回收而进行的一系列工作，主要包括客户电费缴费管理、业务费收缴管理、营销账务管理、欠费管理等内容。通过开展坐收、走收、代收、代扣、特约委托、充值卡缴费、卡表购电、负控购电等多种收费业务，及时回收客户电费和业务费；按照企业会计准则的规定，遵循有借有贷、借贷相等的会计记账原则建立电费账务管理体系；同时加强欠费管理，明确催费责任人，建立欠费风险级别管理、按照统一的催费管理策略进行催费，提高电费回收率。总体工作流程如图 1-3 所示。

此阶段对抄表、核算、电费账务等进行了全面的规范，确保高效地完成抄表任务，使抄表工作有序开展；确保电费计算的规范性、正确性、完整性，使核算工作有序开展；确保客户缴费业务规范，确保资金安全，加强欠费管理，使电费回收工作有序开展。严格按照《国家电网公司营业抄核收工作管理规定》（国家电网营销〔2005〕848号）进行系统化程序设计和规范度审核，提升了电费业务的运行效率，奠定了全面信息化、智能化改革的基础。

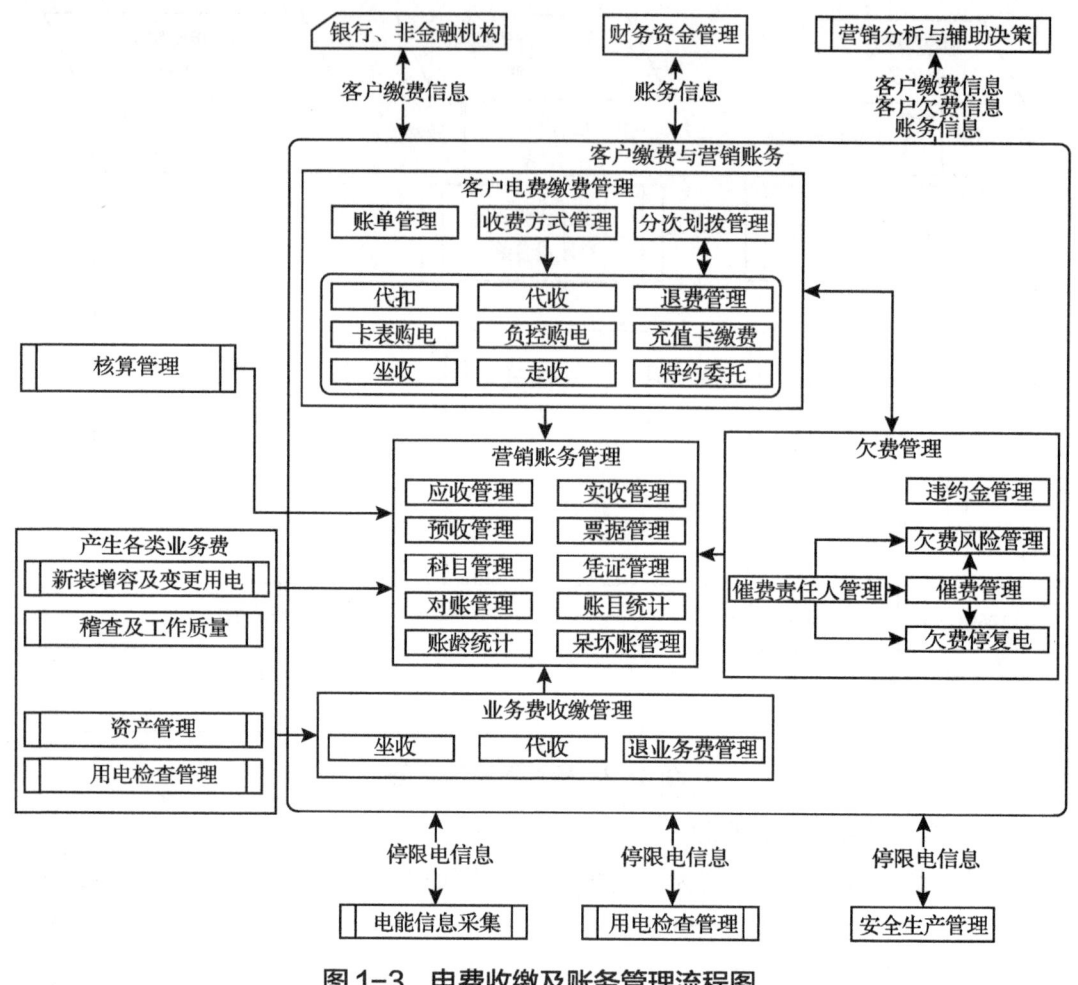

图1-3 电费收缴及账务管理流程图

三、集抄集收应用阶段

随着业务的不断拓展和创新，省级统一管理模式仍不够完善，如采集运维和现场异常数据的补抄工作由不同班组的不同人员进行，工作人员之间协调不畅，重复到达现场的现象时有发生，而采集运维工作开展得不及时，又将大大增加补抄人员的工作量，制约了抄表效率的提升。同时，随着用户数量的增多，业扩新装、改类、增减容等前端业务也在持续增长，造成电费核算的工作压力日益增加、核算环节效率低下、电费出账不及时、电费无法及时回收等后果。

2012年，为更好地解决省级统一管理模式的各类问题，根据大营销体系建设要求，浙江在全国首创集抄集收电费管理模式，全面应用集抄集收，即"集中自动抄表、集中智能核算、集中统一收费、集中专业运维"的电费管理模式，进一步强化用电信息采集系统运行保障，提升电费抄核收业务管理水平，实现"效益最大化、人员最精化、服务最优化"目标。该模式应用"三个智能"——电费核算智能、电能表智能费控、线损智能分析,以期提升采集运维能力、服务响应能力、成本控制能力。集抄集收涉及大量人员的工作职能调整和班组(部门)的职能重新搭配,促进了管理层与基层的思想统一。省公司和各地市组织了全员培训工作,针对涉及工作职能调整的人员、关键岗位的关键人员进行重点培训,确保宣贯执行到位。集抄集收上线前后工作流程对比如图1-4所示。

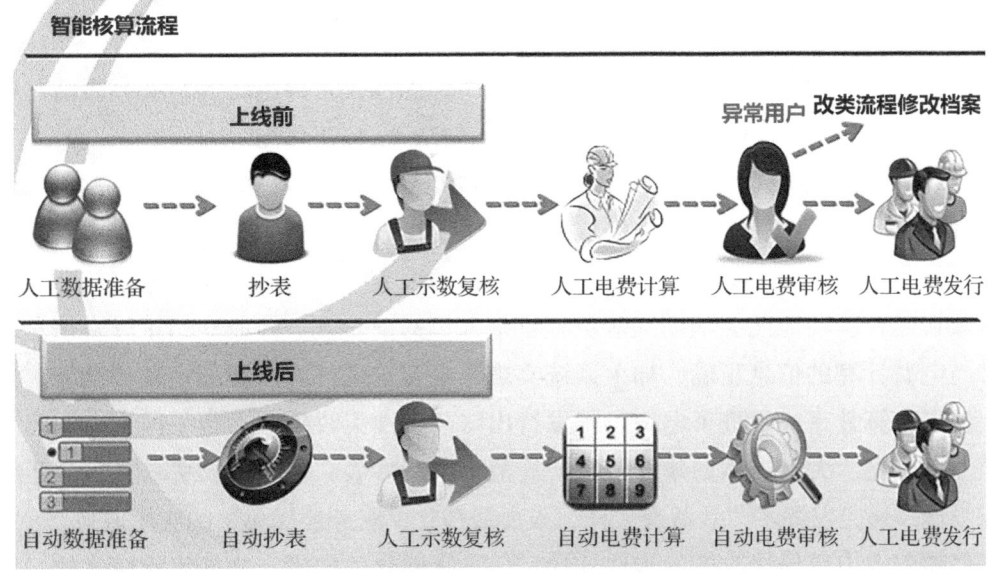

图1-4 集抄集收上线前后流程对比图

集抄集收电费管理模式的具体做法如下。

①撤销低压用电检查班,在原以"片"为基础设置的抄表班的基础上,将原低压用电检查班、抄表班、采集班的低压客户现场采集运维职责划入,成立采集运维班。将自动抄表(抄表数据获取、清单校对及主站监控等)职责并入计量室采集班;将高压客户的电费催收职责划给营业及电费室的高压用电检查班。由采集班负责所有客户的自动抄表、起止度校对与分析,负责用电信息采集系统调试、主站运行维护,采集信息分析。按照"谁运维,谁补抄"以及"同一问题,一次处理"的原则,运维人员参与现场补抄,提升运维工作的主动性。对运维过程中发现的问题,运维人员一次处理完成,从而避免不同班组工作人员重复进出现场,最大限度地减少重复性劳动以及对工作车辆的使用。

②建立"递进式"智能电费核算体系,创新电费核算事前、事中、事后"三抓三防三确保"工作机制,将传统电费核算模式转变为重过程、重质量的智能、集约、高效的新型核算模式。这里的"事前"是指电费核算业务前端涉及的电费试算、试算规则以及用户业扩流程信息处理等业务,"事中"是指电费核算过程中的电量电费审核及异常问

题处理等业务,"事后"是指电费发行后涉及的二次复核、异常处理及退补等业务。事前抓业扩流程过程管理和集中流程审核管理,借助于49类智能流程审核策略,重点防止参与电费计算的各类参数异常,确保营销业务基础信息正确;事中抓量费突变和系统稳定性管理,借助于12类智能核算策略应用,重点防止电量、电费异常和系统异常,确保量费突变的矛盾不出门,批量电费计算、发行及时、正确;事后抓所有变更用户以及传统核算策略用户,重点防止异常用户过月,确保当月所有电费发行正确。

③应用电能表智能费控。传统的欠费停复电的所有环节都需要人工干预才能发起,流程环节也较复杂,严重影响欠费停复电的时效性。通过改变传统欠费停复电模式,利用营销系统和智能电表,固化电费催缴程序,规范欠费停电行为,提高费清复电时效,实现电费催收规范化、欠费停电智能化、费清复电实时化。

随着集抄集收模式的推广和深化,抄表、收费等业务效率大幅提升,原先近20天的抄表工作可以集中在3~5天内完成,低压用户抄表例日减少并向月初集中,高压用户抄表例日逐步向月末集中,给电费回收预留较大空间。同时,在业务审核环节增加的参数智能校验功能能够辅助提醒流程审核人员提前发现、控制、纠正异常信息,确保参与电费计算的信息正确,加上系统实现了电费自动计算、智能审核等功能,极大地提升了核算效率,促进了电费正确发行出账。集抄集收模式适应了国家电网有限公司"一型五化"大营销体系建设要求,规范了电费抄表、核算、收费以及采集运维等业务工作,切实发挥了"效益最大化、人员最精化、服务最优化"的应用成效。

但随着电力市场化改革的步伐加快和信息智能化的推进,集抄集收模式的一些问题也逐渐凸显。现有系统和程序已无法适应市场化交易用户复杂多变的电费业务场景,更是无法做到对电费业务的全流程实时监测、智慧监测。日益增长的客户电费测算、市场化结算及代理购电预测等需求,也对系统的运行提出了更高要求,现有的功能模块已无法满足此要求。同时,在现有模式下,数字化建设在实际工作中遭遇各种困难,比如各级管理人员无法对电费异常进行全程管控,无法全面、快速、直观了解具体经营指标及电费质量,无法快速实现分地市、分区县、分所站的电费作业质量监督评价等。因此根据业务运营发展情况和问题解决情况,公司须针对此模式进行进一步改进和创新。

四、电费业务数智体系建设阶段

2021年,国家发改委出台1439号文、809号文等一系列深化电力市场改革的文件,提出有序放开全部燃煤发电电量上网电价、扩大市场交易电价上下浮动范围、推动工商业用户全量进入市场等举措,推动电力市场化改革,对售电服务提出了更多要求。国家电网有限公司"建设具有中国特色国际领先的能源互联网企业"战略目标的确立及数字新基建工作部署，对营销业务提出更高的要求。而以营销业务应用为核心，以其他23套系统为拓展的第一代营销信息系统（营销1.0）在业务支撑、数据共享、平台扩展等方面均已不能满足发展要求，国家电网有限公司于是开展能源互联网营销服务系统（营销2.0）建设。针对原有系统的客户服务体验不佳、运营管理不够精细、生态圈服务支撑单一等业务痛点，本着以客户为中心的理念，营销2.0将客户服务体验优化、运营管理水平提升、生态圈服务拓展等作为计费结算业务的规划设计方向，进行统一设计。

借助于国家电网有限公司开展营销2.0系统建设的契机，浙江公司同步正式开展电费数智体系建设，以期解决集抄集收模式发展的瓶颈问题和电费业务发展遇到的新问题，更好地适应电力改革大潮。

电费业务数智管理模式围绕为基层减负的工作要求，把提质增效作为核心驱动，依托营销2.0先进的系统设计和强大的平台融合功能，构建智能门禁体系、自动作业体系、多元服务体系、数字管控体系四大核心体系，实现算费更加精准、作业更加高效、服务更加贴心、管理更加精益的管理目标（见图1-5）。

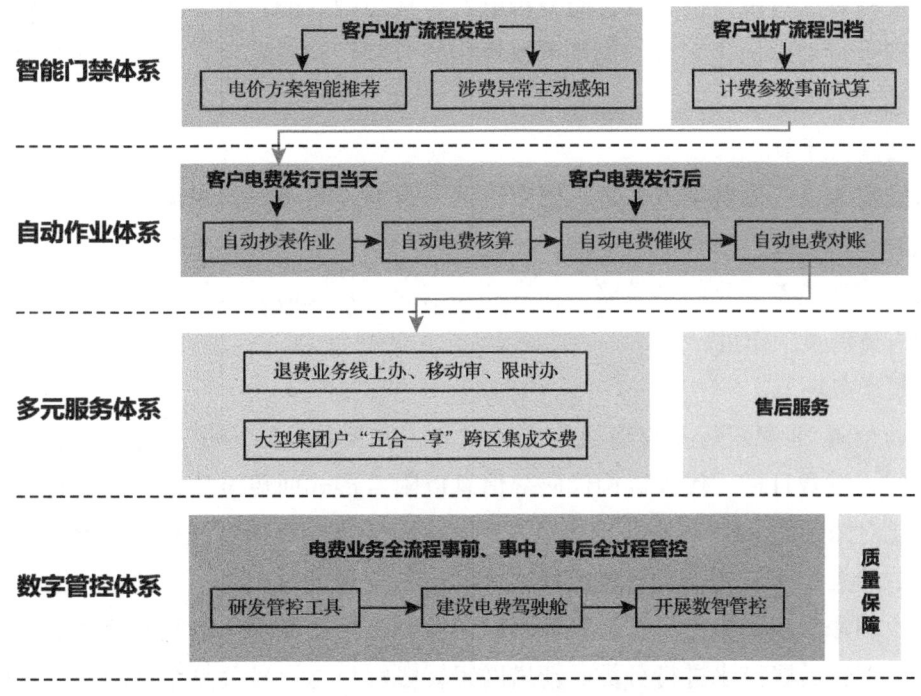

图1-5 电费业务数智管理体系流程图

（一）智能门禁体系

贯通数据源头，实现计费参数自动生成、电价方案智能推荐；前移校验关口，实现参数异常主动感知、异常原因自动提示；将电费参数诊断校验关口前移至业扩流程供电方案制定环节，防止计费参数出门差错，从系统源头防控电费计算差错；强化电费试算，实现电费试算事前审核、计算结果智能诊断；新增智能校验规则，系统自动识别并推送用户在业扩流程中变更过的计费参数，帮助核算人员开展试算验证，减少主观研判，填补电费计算漏洞。

（二）自动作业体系

一是抄表环节。

推行采抄一体化模式，电费发行日当天，系统发起自动抄表计划，自动远程获取用户抄表数据，自动进行抄表数据校核。针对远程自动抄表失败的用户，系统自动生成补抄工单派发至抄表人员i国网终端，抄表人员可以在现场完成抄表后，将数据实时上传至营销系统，无须往返办公室进行抄表数据上下装，极大提高抄表异常处理效率。

二是核算环节。

制定浙江公司市场化售电电费结算业务规范，明确批发用户、零售用户、兜底用户、代理购电用户等不同类型市场化用户的电费计算规则，开发上线电费计算作业机器人，实现电费自动计算。智能升级电费核算系统校验规则，实现智能核算规则在复杂计费场景下精准定位异常用户，在简单计费场景下自动完成审核发行。建立智能核算规则校验效能看板，按季度智能分析电费审核规则效能，对异常误报率明显偏高的审核规则进行动态优化完善，提升审核规则的合理性和有效性，持续提升电费核算准确度。

三是催费环节。

研发智能语音催费系统平台，催费机器人自动监测用户实时缴费状态，当用户欠费逾期时，自动拨打语音催费电话。当客户可用余额不足时，系统自动识别客户信用等级，智能实施差异化停电策略，体现"守信受益、失信受限"的催收原则，极大降低业务人员催费工作量。

四是账务环节。

推动全省28家银行及金融机构完成代收代扣系统"结构化"附言改造，把资金类别代码、缴费日期、代收机构代码等信息以附言形式回传至营销系统。新增银行资金自动化对账销账RPA流程机器人，自动对银行流水附言信息进行智能解析，通过金额、笔数等关键字与营销系统各银行渠道的交易记录进行比对，自动完成银行对账确认和二次销账。新增银行流水池管理功能，实时将银行流水传输至营销系统，并自动定位及将网银转账流水进行分类。新增网银转账账户与户号关系维护功能，自动建立转账账户与缴费户号之间的映射关系，营销系统根据电费流水中转账账户信息，自动识别对应缴费户号，自动完成收费解款和二次销账。

（三）多元服务体系

深化营财联动，推行退费服务"线上办、移动审、限时办"，进一步压降退费到账时长，用户退费实现"一次不跑、快速到账"。推行集团用户"五合一享"集成缴费，

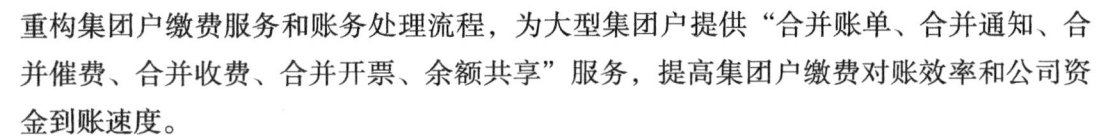

重构集团户缴费服务和账务处理流程,为大型集团户提供"合并账单、合并通知、合并催费、合并收费、合并开票、余额共享"服务,提高集团户缴费对账效率和公司资金到账速度。

(四)数字管控体系

构建电费全流程数智化管控体系,分解电费抄、核、收、账全链条11个业务执行步骤,厘清业务、数据与指标的匹配关联关系,重新提炼电费作业效能、电费管理规范度和对经营管理贡献度等业务指标,形成全方位评价电费专业管理水平的"指标字典"。动态收集各级管理人员的管控需求,沉淀专家典型,提炼分析逻辑,建立分析模板。运用知识图谱、人工智能等数据分析及可视化技术,建立并部署数据模型,实现分析结论一图通览、分析报告一键导出。建设电费管理驾驶舱,通过预警自动推送、异常层层钻取、督办及时下发等辅助功能,实现电费全过程实时管控,提升电费精益化管理水平和风险防控能力。

第二节 电费业务的相关术语

本节简单概述部分与电费业务相关的术语,相关业务内容后续章节会进行详细论述。

1. 电费门禁

电费门禁,泛指业扩、电费抄核收等营销业务流程中的审核校验规则,具有强制性、排他性等特点。通过建设电费参数校验规则库,将计费参数数字化管控策略嵌入业扩报装、现场查勘等作业环节,通过对计费参数确认异常的流程限制下发、对计费参数疑似异常的流程进行风险提示等功能优化,强化"技防"手段,实现电费电价异常提前消缺,从系统源头防控电费差错问题发生。

2. 自动抄表

自动抄表,指通过系统程序化设置,在抄表例日自动完成抄表工作,包括抄表前准备、量费计划流转、采抄一体化处理、抄表示数异常复核等内容。

3. 抄表包管理

抄表包管理,指抄表班长使用个人电脑,按照用户分类、线路、台区等条件将用户进行归集,并明确抄表责任人的工作。

4. 智能核算

智能核算,指对所有用户实现风险可控在控的智能审核(事前、事中、事后),提升自动发行工作水平,实现核算高度自动化。智能核算业务包括量费试算、量费核算发行、量费二次复核等。

5. 量费核算

量费核算，是指电网企业为确保量费计算结果的正确性、及时性、可靠性，对量费的计算方法、价格标准、计算参数以及审核规则进行管理，通过合约需求结算、业务需求结算、用户需求结算等计算产生结算费用，通过量费测算、现货交易计算获得实时费用，通过效益分析计算、用户需求计算获知量费结果，以及发行差错处理和政策性费用调整等业务的统称。

6. 智能收费

智能收费，是相对于传统的营业厅收费、银行代收代扣、银行自助缴费等形式，增加电费网银、电 e 宝、数字人民币等缴费形式，最大化地提升缴费效率，具有更加高效、安全、灵活、便捷的特点。

7. 智能催费

智能催费，借助于信息通信技术，通过远程实时费控、营销业务应用、用电信息采集等系统及手机短信、语音电话等互动平台，采集智能电能表信息，进行电费测算，远程下达电费预警、停复电等指令及信息，实现可用电费余额自动测算、余额信息自动预警、停复电指令远程发送。

8. 电费解款

电费解款，是指电费收费人员将当日收取的电费缴入相应电费账户后进行的相关操作。

9. 解款核定

解款核算，是指电费账务人员进行电费交易信息的对账和确认（一次核定），财务人员对确认后的电费进行营财核定（二次核定），包括营业人员的收费与缴费渠道的收费。

10. 电费账单

电费账单，是指电网企业向电力用户提供的电量电费单据，反映电力用户在一段时间内的电力使用情况。根据用户用电类别、市场化属性，电费账单分为工商业、居民、农业三种格式。

11. 远程停复电业务

远程停复电业务，是指通过营销系统直接对表计实施停电、复电的业务。

12. 电费精益管控业务

电费精益管控业务，是指围绕电费抄核收核心业务，构建数字化评价体系，实现分地市、分区县、分站所的电费作业质量监督评价，提升电费精益化管理水平。新型电费精益管控业务包括电费业务全流程数字化管理看板、营销大脑电费驾驶舱两部分。

第二章 自动抄表业务

自动抄表业务包括抄表前准备、量费计划发起、采集抄表、现场补抄、抄表异常处理、抄表示数异常复核六个部分。

第一节 抄表业务

一、抄表前准备

（一）抄表包管理

抄表包是指为组织抄表而划分的用户集合，是就抄表相关功能进行操作的基本单元。

抄表包管理是指抄表班长使用个人电脑，按照用户分类、线路、台区等条件将用户进行归集，并明确抄表责任人的工作。

抄表包设置应遵循抄表效率最高原则，综合考虑用户类型、抄表例日、地理分布、用户数量、便于线损管理等因数，每个抄表包中户数原则上不超过1000户，有对应计费关系的用户（光伏关联户、转供户等）应分配在同一抄表包中。

抄表包的操作包括抄表包新建、抄表包变更、抄表包注销、新户分配抄表包、调整用户抄表包五类。

1. 抄表包新建

在抄表包维护模块，点击"新增"，选择服务区，确定抄表包高低压属性，填写抄表包名称，选择抄表、示数复核、催费责任人员，低压抄表包应选择对应台区，便于系统进行新用户的自动分配。

2. 抄表包变更

抄表包变更可根据实际工作需要，修改抄表包的名称、线路、台区信息及抄表、示数复核、催费责任人等信息。当班组有分工变化或人员调整时，也可通过批量维护责任人功能同时调整多个抄表包的信息。

3. 抄表包注销

根据实际需要，可对现有抄表包进行注销，在注销前，应将该抄表包内用户调整到其他抄表包中。

4. 新户分配抄表包

根据《国网浙江省电力有限公司电费抄核收管理工作规范》（浙电营字〔2021〕30号），新装用户应在接电后一个抄表周期内完成抄表。接电时间在抄表例日前，应在本月完成抄表；接电时间在抄表例日当天及以后，应在次月完成抄表。因此，用户在立户后应及时根据所在台区或线路被分配到相应的抄表包中，由抄表包所对应的抄表员、催费员、复核人员负责该户后续抄表、催费等相应业务。目前，新户分配抄表包有自动分配和人工分配两种方式。

（1）低压用户自动分配抄表包

低压新装用户信息归档后，系统根据用户计费关联关系、所属台区自动匹配对应的抄表包信息。系统先根据转供用户、被转供用户以及发电关联户等计费关系，自动分配新用户到由计费关系关联的用户所属的抄表包中。当新户与存量用户无计费关系时，信息系统根据用户所属台区自动匹配对应的抄表包。若用户所属台区对应多个抄表包，优先分配用户数最少的抄表包。抄表包用户数以不超过1000户为宜。若信息系统分配抄表包失败，则需要进行人工分配。

（2）人工分配抄表包

抄表班班长选择未分配抄表包的用户，根据用户分类，所属线路、台区信息等选择应划入的抄表包进行分配。

5. 调整用户抄表包

根据实际工作需要，可在调整用户抄表包中将单户或多户调整到其他抄表包中。

（二）核算包管理

核算包是为组织核算而划分的用户集合，是就核算相关功能进行操作的基本单元。

核算包管理是指电费核算班长使用个人电脑，按照用户分类、电压等级、线路、台区等条件将用户进行归集，并明确核算责任人的工作。可设置核算人员能力系数、工作状态、非工作时段等，以及核算包抢单开放系数。

核算包设置应遵循电费审核效率最高原则，综合考虑供电区域、用户分类、电费期数、核算责任人、市场化属性分类等因素。同一核算包内电力用户的核算周期、抄表例日、发行日应相同；单个核算包的用户数以不超过10000户为宜。转供用户、被转供用户以及发电关联户应设置在同一核算包，其余用户不允许存在高低压混合核算包。批发用户、零售用户、兜底用户、电网代理购电用户、绿电用户、非市场化用户应单独设置核算包。

核算包的操作包括核算包的新建、变更、注销，新户分配核算包，调整用户核算包等。

1. 核算包新建

在核算包管理页面，根据实际情况填入核算包名称、编号，选择用户分类、核算周期、发行例日、核算责任人等信息，完成核算包的新建工作。

2. 核算包变更

在核算包管理页面，根据实际工作需要对已建立的核算包的名称、发行例日、核算责任人等信息进行修改。

3. 核算包注销

根据实际需要，及时注销不使用的核算包，注销时必须确保核算包内无用户。

4. 新户分配核算包

新装（变更）用户应在流程归档或交易中心推送变更用户清单后5个工作日内按照用户分类、市场化属性、发行日、所辖区域编入合适的核算包。高压用户由核算班班长人工分配抄表包，低压用户由系统自动分配核算包。核算班班长应在抄表例日前一天核实是否有新装用户未及时分配核算包。

5. 调整用户核算包

根据实际工作需要，可在调整用户核算包功能页面中将单户或多户调整到其他核算包中。

（三）数据准备

按照《国家电网公司用电信息采集系统运行维护管理办法》（国网〔营销/4〕278-2018）要求做好日常采集运维工作，加强月初抄表数据补录入库、月末采集运维、异常消缺，做到缺陷"应消尽消"，提高次月初远程自动抄表成功率。

新装或者变更流程当月完成送电的，在每月最后一日的17时前完成采集调试及信息归档，确保每月最后一日的24时远程抄表数据采集成功率，原则上不出现跨月归档流程。

针对现货交易用户，因设备故障、通信不稳定等因素导致采集系统的电量数据缺失的，在计算电量曲线时进行远程中继召测和补抄，确无数据的应对缺点数据进行拟合，形成完整的日电量曲线。

二、量费计划发起

在电费结算期间，系统后台会自动根据核算包设置的计划时间发起量费计划。对于抄表数据自动获取成功且抄表数据无异常的用户，量费计划会自动下发至核算环节，无须抄表人员操作。

拆表冲突、未及时分配核算包等情况会造成用户量费计划无法按时自动发起，此类用户应由抄表班班长或核算班班长人工创建临时量费计划进行下发。

以需量方式计算基本电费的两部制电价用户，应获取并使用上月最大需量值参与电费计算，以保证结算电量周期与最大需量区间同步。

抄表数据触发系统异常校验的用户，系统会生成示数复核工单，由用户所在抄表包的示数复核人员进行进一步的人工核查处理。具体流程如图2-1所示。

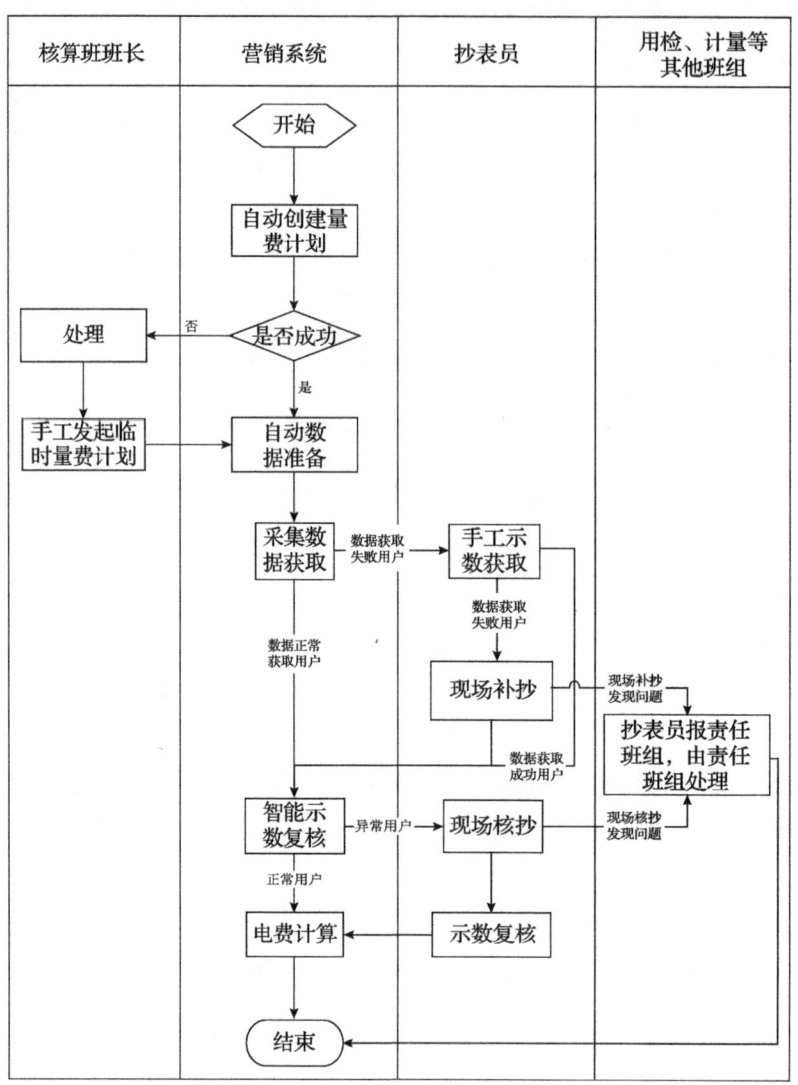

图2-1 量费计划管理流程图

三、采集抄表

2012年国网浙江省电力有限公司在全省全面推广用电信息采集系统的建设后，依托用电信息采集系统，通过优化营销业务应用系统相关功能，完成集中自动抄表，实现了电费抄表业务从分散到集约、从人工到智能的转变。集中自动抄表工作遵循自动抄表和采集主站运维一体化、现场抄表和现场运维一体化的原则。

自 2022 年国网浙江省电力有限公司全面实行供售同期以来，要求抄录抄表例日 0 时或月末 24 时的用电计量装置冻结数据，抄表例日 0 时或月末 24 时的冻结数据如采集获取失败，进行现场补抄。自动抄表员负责监控自动抄表情况，对自动抄表失败用户再次进行远程数据获取，仍未成功的，派发现场补抄工单，并督促现场补抄人员及时完成补抄工作。

四、现场补抄

根据《国网浙江省电力有限公司电费抄核收管理工作规范》（浙电营字〔2021〕30号）、《国网浙江省电力有限公司采抄一体化业务规范》（浙电营字〔2023〕41号），对自动抄表时系统无法获取抄表数据的用户，发起现场补抄流程，抄表员收到流程后，在 24 小时内完成现场补抄、异常核实工作，以满足抄表准时率要求。低压用户补抄时间原则上压缩至次月 1 日—5 日，绿电交易用户补抄时间原则上在次月 1 日，市场化零售用户补抄时间原则上在次月 2 日前。

现场抄表工作必须遵循电力安全生产工作的相关规定，严禁违章作业。现场抄表应使用专用抄表设备，通过移动作业终端（PDA）、抄表机等方式开展，逐户对用户计费电能表的所有计度器示值进行抄录。抄表员开展现场抄表工作时，必须认真核对用户电能表箱位、表位、表号、倍率等信息，不得脱离现场进行估抄，避免漏抄、错抄。当红外抄见数据与现场不符时，以现场抄见度数为准。

抄表数据应抄录电能表能显示的所有整数和小数，对实行功率因数调整电费考核用户的无功电量按照四个象限进行抄录。需量用户正常抄表应抄录上月最大需量值，变更特抄应抄录表计当前最大需量值。对于执行绿色发展电价的用户，须全量抄录最大需量值。

（一）传统模式

抄表人员使用抄表设备，逐户对用户计费电能表的所有计度器示值进行抄录，如现场补抄数据读取异常，则采用在营销系统补抄流程中手工录入数据的方式进行补抄。传统模式下的现场补抄，补抄数据直接上传至营销系统，抄表人员在营销系统内对补抄的数据再次进行审核，补抄数据不会传送给采集系统。

（二）采抄一体化模式

2023 年国网浙江省电力有限公司开始全面推广采抄一体化，将现场补抄与采集运维消缺等业务合并，通过集中式、远程自动化方式采集抄录两侧抄表数据，实现全量抄表数据由采集系统统一出口。

采抄一体化模式下，通过"手机+背夹"开展现场补抄，现场补抄数据传送至采集系统，抄表人员在营销系统点击"获取示数"，从采集系统获取补抄数据，并对获取的补抄数据再次进行审核。原则上不允许手工录入，特殊情况需要手工录入的，应记录包括户号、表号、抄表日期、抄表示数、抄表方式、照片等信息，并将表计示数照片作为佐证材料上传，再由采集系统把补抄完成的数据传送给营销系统，抄表成功后提交量费审核。示数复核人员24小时内在系统中审核现场照片规范性和抄表数据准确性，并录入审核结果。手工抄表数据应抄录电能表原始值，"截尾"由营销系统取数部分处理。

五、抄表异常处理

（一）现场抄表异常处理

现场抄表时，抄表员应检查用户计量装置的运行情况，包括计量封印等是否完整、齐全，用户的计量装置是否存在烧坏、停走、空走、倒走、卡字、跳字、失压、断流等异常现象，对新装及用电变更用户，应核对并确认用电容量、最大需量、电能表参数、互感器参数等信息，发现问题应做好现场记录并联系相关部门发起处理流程。

现场抄表时，若发现计量装置停走、过载烧坏、黑屏、白屏等异常，拍摄现场照片留存，本期抄见电量可按采集系统最近的采集数据确定电量处理，并及时提交责任班组进行计量装置故障处理，按规定做好电量退补工作。

现场抄表时，若发现抄表设备提示用户电量数据突变，应检查抄表数据是否正确。若抄表数据无误，应及时了解该用户本期用电状况并再次进行现场核对，对有疑问的用户，应提交相关责任班组处理。

现场抄表时，若发现用户存在违约用电、窃电嫌疑等异常情况，应做好现场记录并报用电检查职责班组处理。

（二）采集异常处理

对于采集失败、数据异常用户，采集运维人员在现场补抄后1个工作日内开展现场故障分析处理，判断异常原因是采集系统异常、现场设备故障还是用户违约用电，要及时进行相应处理。

现货交易市场用户日电量及居民用户（倍率为1）月电量数据补全可采用拟合方式，非现货交易市场用户数据补全采用现场补核抄方式，补全数据在采集系统内标记标签。居民用户抄表示数不能连续两个月拟合。

采集系统对补全的数据单独存储，不对原有示数进行覆盖，营销系统以最后一次获取的抄表示数（远采、补抄、核抄、拟合）参与量费计算。

六、抄表示数异常复核

示数异常复核是对自动远程抄表用户应用抄表示数智能校对策略进行复核。对系统确认为无异常的用户，自动发送至电费计算环节；对系统确认为异常的用户，由示数复核人员人工进行示数复核。

在示数智能复核功能应用以前，抄表示数复核主要由审核人员依靠工作经验逐户开展电量审核，工作量大，电量审核耗时长，差错多。抄表示数智能复核的应用可以完善抄表作业的工作策略，提升工作的智能化、便捷化水平，缩短业务流程，降低劳动强度，同时大量减少人工复核带来的差错。

（一）工作要求及注意事项

示数异常复核工作应在抄表数据上传后立即完成。对零售、批发、绿电等市场化交易用户，在发行日当天完成。确因特殊原因无法完成的，抄表班班长应在发行日当天向电费核算账务班说明原因并确定流程发送时间。

远程自动抄表或现场补抄的示数须进行示数复核，确保结算电量的准确性。同一人员不得兼任示数复核人员与现场补核抄人员。

在示数异常复核环节，示数复核人员根据示数异常规则提醒对疑似异常示数进行全量复核时，重点校对峰谷不平、翻转、电量波动大等异常情况，确保电费结算准确。

示数复核人员对疑似异常数据进行判断，一般应在接收工单后3小时做出初步判断，如确认无误则发送至下一环节；如需要现场进一步核查确认，由抄表员在12小时内通过现场核抄或远采示数比对等方式完成核抄。若现场核实数据无误且正常，直接按"无异常"发送；若现场核实抄表数据无误，实际由于因业扩变更流程安装信息录入等问题导致数据异常，按照"异常需退补"发送；若现场示数与系统数据不一致，则按表计示数完成补核抄后发送至下一环节，及时提交相关责任人员进行原因分析并处理。针对应退补的异常，原则上要求在当月电费关账前完成电量电费退补工作。

（二）示数异常复核校对策略

示数异常复核校对策略包括示数异常复核规则和示数异常复核规则阈值调整。

1. 示数异常复核规则

示数异常复核规则采用浙江公司统一复核规则（如表2-1所示）。

表2-1 抄表示数异常智能复核规则

编码	名称	规则内容
FH001	起止度不连续	本月起度≠上月止度（相同户号、局号、示数类型一致进行比较） 分次第二期和本月第一期比，其余均和上月最后一期比

续表

编码	名称	规则内容
FH002	表计拆除或者特抄的用户电量异常	拆表电量按照变更天数与环比电量波动超过100%
FH003	倍率变更	倍率变化
FH004	上期电量为0，本期大于设定值	上期电量为0，本期大于设定值 目前全省阈值设置为1000度
FH005	上期电量大于设定值，本期为0	上期电量大于设定值，本期为0 目前全省阈值设置为1000度
FH006	总峰谷电量异常	①总止度-尖止度-峰止度-谷止度>2； ②总电量<峰电量+谷电量+尖电量 ③总电量=峰（谷、尖）电量，且总电量>10
FH007	表计示数翻转	止度小于起度
FH008	电量值超过合同最大电量两倍	总电量>合同容量×24×30×2
FH009	电量异常波动（低压居民）	当月电量在设定值以上，且电量同比波动超过××%，且电量环比波动超过××% 目前可按地市为单位自由配置阈值
FH010	电量异常波动（低压非居）	当月电量在设定值以上，且电量同比波动超过××%，且电量环比波动超过××% 目前可按地市为单位自由配置阈值
FH011	电量异常波动（高压）	当月电量在设定值以上，且电量同比波动超过××%，且电量环比波动超过××% 目前可按地市为单位自由配置阈值
FH012	高压用户抄表电量为0	高压用户有功抄表电量为0，剔除变压器运行容量为0的用户
FH013	分表抄见电量大于总表抄见电量	分表抄见电量大于总表抄见电量
FH014	高压无功异常	①执行力调，有功抄见电量为零且无功抄见电量大于零 ②执行力调，无功抄见电量为零且有功抄见电量不为零
FH017	需量示数校验异常	需量抄见值<抄表期内对应表计需量值
FH018	需量波动异常	本月需量与上月需量比较，波动大于30%
FH019	换表、虚拆翻字	存在换表，虚拆的，且换表示数异常的（换表止度小于起度）
FH021	换表、需拆电量过大	换表、虚拆电量>（虚拆换表日期-上次抄表日期）×24×用户容量

续表

编码	名称	规则内容
FH022	光伏电量异常	光伏用户发电表电量＜上网表电量或发电表电量=0
FH023	参考表电量为0	参考表用户（虚拟倍率）用户电量为0
FH024	光伏电量波动异常	光伏电量波动环比超过30%

2. 示数异常复核规则阈值调整

市、县公司根据权限可以对示数复核规则阈值进行调整；规则阈值调整采用修改审批流程，由市公司核算班班长或抄表班班长提出申请，市公司营销部电费电价专职审核，省公司营销部电费电价专职审批同意后生效。

（三）示数复核异常情况的处理

对电量波动值异常用户，应查明波动原因，如有必要则及时进行现场核实，明确是否属于抄表差错，必要时可拆分工单处理。

对总表示数与各时段抄见示数不平衡的表计进行处理，确认是否存在抄表差错、表计故障等原因，必要时再次安排现场抄表。确认为表计故障的应立即通知相关部门处理，必要时可拆分工单处理。

对拆表冲突用户按不同的情况进行处理，必要时可拆分工单。

发现档案信息（倍率、局号等）有误，及时通知相关业务人员核实档案信息，启动相关业扩变更流程，必要时可拆分工单处理。

可将现场抄表发现表计故障等异常用户加入异常清单，通知相关业务人员启动"计量装置故障处理"流程，必要时可拆分工单。

可将现场抄表发现违约用电、窃电等异常用户加入异常清单，通知业务人员启动"违约用电、窃电处理"流程，必要时可拆分工单。

第二节 实用案例

一、未及时分配抄表包导致未及时进行电费结算

1. 案例描述

某高压用户新装流程于4月30日归档，在5月1日前，抄表班班长和核算班长未给该用户分配抄表包和核算包。5月1日系统自动发起量费计划时，该户无对应量费计划产生。5月5日，核算班班长查询应出账未出账信息时，发现该户无量费计划，经判断为未分配抄表包、核算包所导致。

2. 问题剖析

用户业扩流程归档与抄表包、核算包分配归属不同班组处理，抄表班班长和核算班班长未及时完成抄表包、核算包分配，导致用户抄表流程未按时发起。

3. 处理方法

根据该户的市场化属性分配抄表包及核算包，通过量费计划创建建立临时计划，完成用户的电费结算。

4. 防范措施

市场化改革开展以来，工商业用户每月电价单价不同，新装用户当月电费不出账而延迟到下月结算，将影响该户电费的正常结算。需要加强用户抄表前准备工作，确保用户抄表流程及时发起。

二、电量获取失败，长时间手工抄表

1. 案例描述

一低压非居用户，为单一制电价，在前期业扩流程中勾选了表计的需量计度器，但采集系统并未对表计下发需量的采集任务，导致该户每月电费结算时，需量示数均无法自动获取，产生补抄工单。在抄表员处理补抄工单时，发现该户需量值不影响电费结算，随即进行手工录入0处理下发，随后多月处理该工单均进行手工抄表。在核查该区域连续多月手工抄表清单时，工作人员发现了该户的异常，通知客户经理进行核实。

2. 问题剖析

前期进行业扩流程处理时，客户经理未准确勾选该户计费所需的表计计度器。抄表人员在手工录入数据处理后，未及时与客户经理进行沟通，关闭需量计度器。

3. 处理方法

通过抄表示数变更关闭该户的需量计度器，该用户表计可自动获取电量并流转到核算发行环节。

4. 防范措施

加强用户计费参数核查，确保用户计度器与用户电价保持一致。对手工抄表原因开展分析，及时消除系统参数错误导致的抄表数据获取失败。

三、示数异常复核

1. 案例描述

某光伏用户，消纳方式为自发自用余电上网，2023年3月发电表抄见电量65281kW·h，上网表抄见电量为75012kW·h，在示数异常复核环节触发工单，被复核规则"FH022光伏电量异常"拦截，停留在待办工单。

2. 问题剖析

用户上网电量大于发电量，不符合光伏用户电量校验规则，可能存在表计故障、抄表数据错误、业扩流程信息错误等问题。

3. 处理方法

复核规则"FH022光伏电量异常"的规则内容为"光伏用户发电表电量＜上网表电量或发电表电量=0"，则具体处理如下。

①该光伏用户发电量为65281kW·h，排除"发电表电量=0"这条异常，确认异常原因为"发电量＜上网电量"。

②查看采集系统，核对发电表、上网表抄见电量，发现采集系统与营销系统数据一致，但发电表当月25号以后数据一直未动，而上网表数据一直有走动。

③现场核实，发现发电表计量装置故障。

④将该异常光伏用户加入异常清单，通知计量人员启动"计量装置故障处理"流程，并拆分工单。

4. 防范措施

加强计量异常、采集异常的运维消缺，对存在计量或采集问题的用户及时进行处置，确保用户电能准确计量。

第三章 智能核算业务

目前，客户电费通过营销系统根据用户计费参数和抄表电量自动计算而得。实际业务执行过程中，用户数量大，结算时间集中，电费智能核算业务以抄表结算为节点，涵盖抄表结算前的电费试算、抄表结算时的电量电费审核、抄表结算后的电费二次复核等三个环节，通过以智能核算为主，人工审核辅助的方式，实现核算高度自动化，将全省用户出账时间压缩至次月 5 日之前。

电费试算指在用户业扩变更后，在下一次抄表结算之前，通过模拟用户抄表结算电费台账的方式，核查用户涉及电费计算的计费参数，可对异常参数及时整改，避免电费差错产生；电量电费审核指在用户抄表结算的过程中，对量、价、费存在异常的用户进行审核，对确认异常及时进行处理；电费二次复核指在用户抄表结算后，对变更用户，量价费存在疑似异常的用户再次审核，避免差错遗漏的同时优化事中核算规则。电费试算、电量电费审核、电费二次复核三个环节分别设置电量电费异常智能甄别应用策略，最大程度保障电费流程自动化和智能化作业，通过系统自动应用策略识别疑似问题用户，辅助人工进行审核并返回结果，形成工单闭环管理。

第一节　核算业务

一、电费试算

（一）业务流程

电费试算环节中，系统自动对新装、增容及变更用电三类客户业扩归档后自动进行电费智能试算。在试算过程中，系统对用户模拟电量，模拟月末 24 时电费终次结算的场景进行电费试算。在电费试算后，由核算班班长派工给核算人员进行试算台账审核，核算人员结合试算规则确认电费试算结果，通过试算台账进一步直观验证客户档案参数正确性。核算人员审核后，对无异常的用户直接对用户试算台账进行无异常确认归档，对存在档案异常的用户可发起异常工单，由业务人员回复后闭环归档。具体流程如图 3-1 所示。

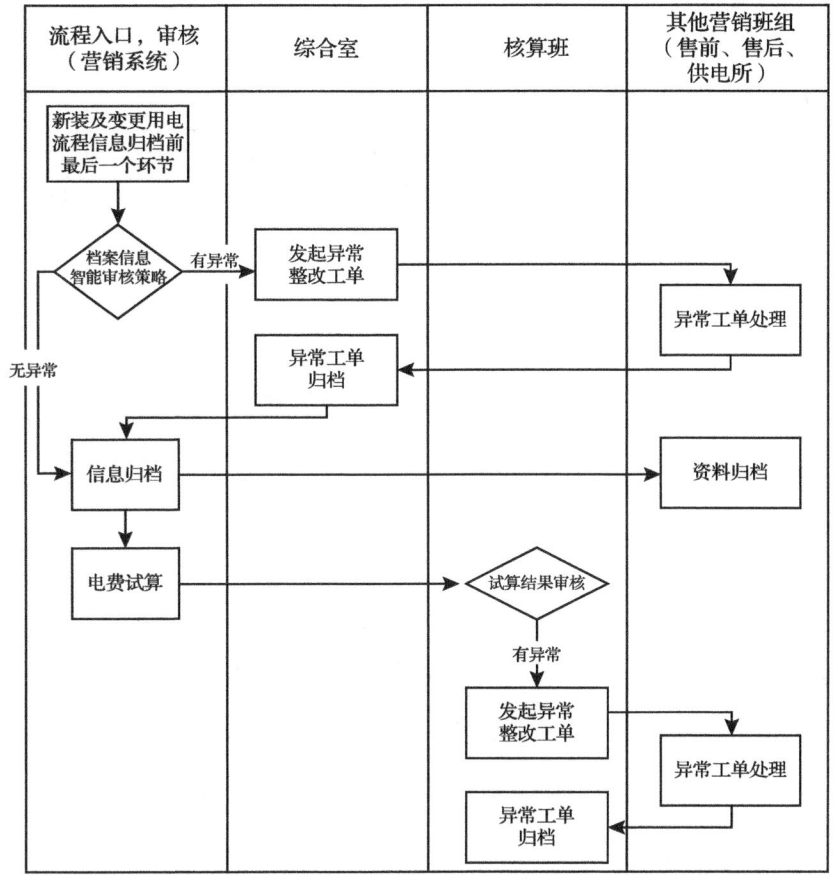

图 3-1 电费试算流程图

（二）试算规则

试算规则是在试算过程中，在系统中按照核算过程中发现的易错点，配置相应的策略，系统对符合策略中异常情况的提示异常，辅助核算人员进行试算电费确认。相关规则如表 3-1 所示。

表 3-1 电费试算规则

审核规则组件编号	审核规则组件名称	审核异常类型
SS063	光伏电价执行不正确	电能表示数信息异常
SS054	需量用户抄见需量为 0	电能表示数信息异常
SS051	变压器计算容量和运行容量不一致	量费异常
SS048	基本电费计算方式变更	量费异常
SS046	暂停或暂停恢复电价异常	电能表示数信息异常
SS034	增减容且合同容量未变化	电能表示数信息异常
SS032	新装户首月主供变压器停用	量费异常

续表

审核规则组件编号	审核规则组件名称	审核异常类型
SS031	业扩流程拆除过变压器	量费异常
SS030	同一台变压器一个抄表周期内变更超过1次	量费异常
SS027	需量用户变压器最大运行天数和抄表周期天数不一致	量费异常
SS011	高供低计用户无变压器损耗	量费异常
SS010	有线损率没有线损电量	量费异常
SS002	抄表电量异常（翻转、过零、本次比上次小、倒转）	电能表示数信息异常

二、事中核算

（一）业务流程

电费复核环节中，系统自动对客户计费结果进行智能审核，对于系统复核无异常的用户直接自动发行，或人为配置策略手工发行；对系统复核疑似异常的用户生成电量电费审核异常工单，由核算人员确认，确认后无异常的进行无异常处理并发行，确认存在异常的派发异常工单，形成闭环管理。具体流程如图3-2所示。

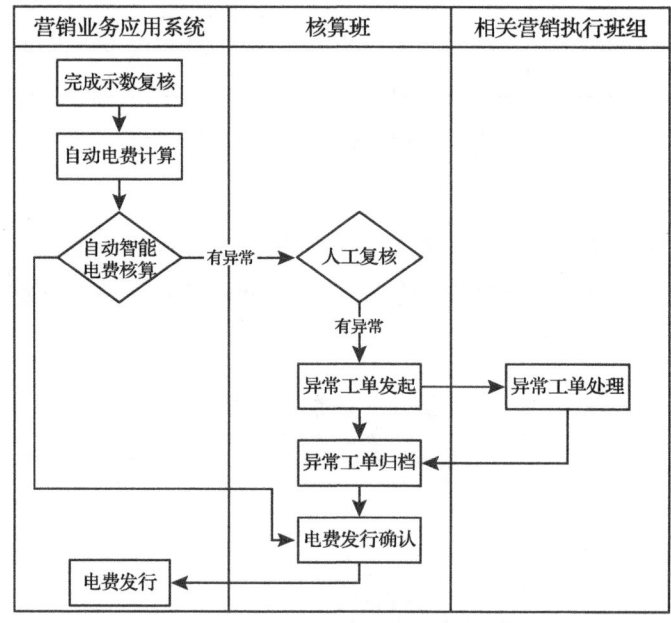

图3-2 智能核算流程图

（二）量费审核规则

量费审核规则是在量费计划的电量电费审核环节中，在系统中按照核算过程中发现的易错点，配置相应的策略，系统对符合策略中异常情况的生成异常工单，由核算人员人工确认。审核规则分为特殊用户提示类、结算电量疑似异常类、执行电价疑似异常类、电费计算疑似异常类四大类，根据实际电费政策和业务变化情况滚动更新。

1. 特殊用户提示类审核规则

特殊用户提示类审核规则，仅针对特殊用户或者变更用户，历史结算中该类用户易出现用户电费差错，需要对用户电量电费进行人工审核或特殊处理，仅为提示性规则，无特殊异常信息。该类规则包括"SH021 首月出账光伏用户"等 12 项审核规则，根据重点审核内容分为以下 4 类。

①当提示规则"SH022 发电用户""SH021 首月出账光伏用户""SH036 已试算未审核""SH044 社会救助对象首月出账""SH047 有变更光伏用户（接入方式、电价、消纳方式）""SH050 有变更的被转供用户""SH107 执行 1.5 倍代理购电电价用户首月出账"时，应重点审核特殊用户和变更用户档案是否正确。

②当提示规则"SH030 同一台变压器一个抄表周期内变更超过 1 次""SH031 业扩流程拆除过变压器""SH032 新装户首月主供变压器停用"时，应重点审核用户基本电费，变压器损耗计算是否正确。

③当提示规则"SH043 一级计量点非实抄"时，应重点审核用户一级计量点电量是否正确。

④当提示规则"SH701 针对趸售用户（配售电公司用户）需要在审核环节手动录入电费信息"，正确的处理方式是在审核环节手动录入电费信息。

2. 结算电量疑似异常类审核规则

该类规则主要是对用户结算电量存在疑似异常的用户进行提示，该类规则包括"SH001 用电量偏离理论值用电（结算电量＞抄表天数×24×合同容量）"等 15 项审核规则，根据重点审核内容分为以下 9 类。

①当提示"SH001 用电量偏离理论值用电（结算电量＞抄表天数×24×合同容量）""SH002 抄表电量异常（翻转、过零、本次比上次小、倒转）（针对抄表数据）""SH039 光伏用户抄表异常（翻转、过零、本次比上次小、倒转）""SH041 光伏用户电量偏离理论值"时，在用户无超容用电的前提下，用户抄表电量不可能大于 24 小时满负荷运行的电量极大值，故而应怀疑倍率或者抄表有误。故应重点审核用户抄表起止度，倍率是否正确。若现场抄表存在差错，正确处理方式为现场核实用户抄表起止度及倍率是否正确；若用户倍率有误，需要现场核实用户倍率后进行差错退补；若用户抄表止度有误，修正抄表止度后重新计算发行。

②当提示"SH010 有线损率没有线损电量"时，应重点审核用户侧计量的专线用户，确认线损电量是否漏计，核实用户线损计算方式和线损计费方式是否有误。正确处理方式为确认存在线损档案差错后，修正差错档案并退补差错期间的电量电费。

③当提示"SH011 高供低计用户无变压器损耗"时，应重点审核高供低计的用户

变压器损耗是否漏计。核实用户变损计算方式、变损计费方式、变损分摊方式、用户设备台区、用户计量点台区信息是否有误，设备台区与计量点台区是否不一致。正确处理方式为确认存在档案差错后，修正档案差错并退补差错期间的电量电费。

④当提示规则"SH040 光伏用户上网电量大于发电量"时，应重点审核光伏用户上网计量点电量和发电计量点电量是否存在逻辑性差错。核实用户上网计量点、发电计量点抄表是否存在差错，现场表计接线是否存在异常，用户关联档案是否存在差错。正确处理方式为确认存在档案差错后，修正差错档案或者纠正现场接线并退补差错期间电量电费。

⑤当提示规则"SH054 需量用户有电量无需量或有需量无电量""SH059 需量用户计算偏离理论值（需量计算值＜运行容量×0.4 或＞运行容量×0.75）"时，应重点审核需量用户抄见电量或者需量是否有误。正确处理方式为确认存在抄表差错后，现场核抄修正抄表止度，重新计算发行。

⑥当提示规则"SH057 拆表冲突用户"时，应重点审核是否用户现场表计已更换，但是系统内表计信息尚未变更。核实确有异常的，正确处理方式为待流程归档后，根据用户实际用电时间和出账年月进行差价退补。

⑦当提示规则"SH094 合计电量小于0"时，应重点审核用户是否存在抄表差错，是否终次结算抄表止度小于分次结算抄表止度。正确处理方式为确认存在抄表差错后，现场核抄修正抄表止度，重新计算发行。

⑧当提示规则"SH101 需量用户抄表电量异常"时，本规则校验用户抄见电量大于需量×24×运行天数，应重点审核需量用户抄表电量或者需量抄见是否有误，出现本规则必然存在电量或者需量差错。正确处理方式为修正抄表止度后重新计算发行，确因表计故障导致无法正确抄录的，应在电费发行后退补。

⑨当提示规则"SH007 本月起度不等于上月止度""SH111 本月终次结算的起度小于上月终次结算的止度（有功总）""SH112 过户新户和老户起止度不连续"时，应重点审核用户（过户后用户）本月抄表起度是否与上次（过户前用户）抄表止度一致，是否由于流程冲突、示数修改等原因导致用户起止度不连续。正确处理方式为排除抄表差错退补修改上月抄表止度，通过计度器维护修改起度，实际结算电量正确的情况外，需要提交问题管理后台修改本月起度。

3. 执行电价疑似异常类审核规则

该类规则主要对电价执行疑似异常的用户进行提示，该类规则包含"SH063 光伏电价执行不正确"等9项审核规则，根据重点审核内容分为以下8类。

①当提示规则"SH046 暂停或暂停恢复电价异常"时，应重点审核两部制用户运行容量与执行电价是否一致，是否运行容量小于等于100kVA，错误执行两部制电价，是否非存量一般工商业用户运行容量大于等于315kVA，错误执行单一制电价。处理方

式为确认属于电价执行差错后,修正错误电价档案并退补差错期间电费。

②当提示"SH048 基本电费计算方式变更"时,应重点审核基本电费计费方式变更生效时间是否正确,前一电价执行是否满 3 个月。如果基本电费计费方式变更生效时间有误,正确处理方式按照正确的生效时间对基本电费及功率因数调整电费进行全退全补。

③当提示"SH063 光伏电价执行不正确"时,应重点审核光伏用户上网电量执行是否有误,发电补贴价格按照文件规定的备案时间和并网时间执行是否有误。正确处理方式为确认光伏电价执行有误后,修正电价档案并退补差错期间的电量电费。

④当提示"SH065 一户多人口电价执行错误"时,应重点审核一户多人口电价优惠执行是否有误,一户多人口阶梯优惠指标是否有误,一户多人口合表电价执行是否有误。正确处理方式为若电价执行有误,则修正电价后对差错期间电量电费进行退补;若阶梯指标有误,则提交后台修正阶梯指标。

⑤当提示"SH090 两路常供用户需量计算异常"时,应重点审核两路常供的需量用户,需量基本电费是否未叠加计算,核实用户两路是否同时用电,电源运行方式配置是否有误。正确处理方式为确认属于档案差错后,修正差错档案并对差错期间的基本电费及功率因数调整电费进行退补。

⑥当提示"SH091 基本电费计费异常""SH33100 两部制电价基本电费不计算"时,应重点审核两部制用户基本电费是否漏计,核实计量点台区与用户设备台区是否不一致,用户计费策略是否有误。正确处理方式为确认属于档案差错后,修正差错档案后退补差错期间电量电费。

⑦当提示"SH106 用户当月存在两个及以上力调系数"时,由于按照计算规则,用户功率因数按月计算,应重点审核用户在无功率因数标准变化的前提下,是否错误分段计算功率因数。正确处理方式为确认由于系统原因功率因数错误分段计算后,提交问题管理修正算法后重新计算发行。

⑧当提示"SH33102 用电类别与电价不一致"时,应重点审核用户用电类别和电价执行是否存在冲突,是否存在执行电价与用电类别不一致,如用电类别为商业用电,执行大工业两部制电价。正确处理方式为确认属于电价执行差错后,修正电价档案后退补差错期间电量电费。

4. 电费计算疑似异常类审核规则

该类规则主要对电费计算过程中各类综合原因导致电费计算疑似异常的用户进行提示。该类规则包括"SH003 平均电价过大(过小)"等 23 项审核规则,根据重点审核内容分为以下 10 类。

①当提示规则"SH003 平均电价过大(过小)""SH005 电量电费波动率异常(低压超过 200% 且电量大于 3000,高压超过 100%)""SH004 实际力率异常用户""SH067 力调电费波动超 3000 元""SH008 有电量无电费或者有电费无电量""SH009 合计电量

或者合计电费小于0""SH024 高压用户停用有电量或电费""SH042 合计电量或电费小于0""SH104 代理购电用户、兜底用户有电量无电度电费""SH202 零售用户无零售电费或不全"时，应重点审核用户电价执行是否正确，抄表电量是否正确，无功抄表是否正确，功率因数调整电费是否正确。正确处理方式为若存在抄表电量有误，则修正抄表止度后重新计算发行；若存在档案差错，则修正档案后退补差错期间电量电费；若存在由于用户属性差错导致代购用户、零售用户漏计交易电费，则需要提交问题管理修正用户档案，重新计算后发行。

②当提示规则"SH027 需量用户变压器最大运行天数和抄表周期天数不一致""SH028 变压器最大运行天数大于抄表周期天数""SH029 变压器运行天数为负""SH051 变压器计算容量跟运行容量不一致"时，应重点审核用户基本电费运行天数，变损运行天数是否正确，核实是否由于变更用户变压器启停日期有误导致基本电费漏计、多计的情况。正确用户变更时，应按照实际用电天数/30 折算全月基本电费。正确处理方式为确认存在变压器启停日期差错后，根据现场启停日期退补。

③当提示规则"SH060 临时计划定量计量点0电量"时，应重点审核是否用户当月多次出账或者电费年月有误导致定量计量点电量计算有误，核实还原全月电量后是否存在定量计量点结算电量差错。正确处理方式为确认还原全月电量后存在定量计量点结算电量差错后，还原全月电量后全退全补。

④当提示规则"SH068 光伏全额上网用户发电量与上网电量不等"时，应重点审核全额上网光伏用户上网及发电计量点参数配置是否有误。正确处理方式为确认有误后，修正差错档案后对差错期间电量电费进行退补。

⑤当提示规则"SH072 临时抄表计划年月与关账电费年月不一致"时，应重点审核用户电费年月是否有误。确认有误的，正确处理方式为终止该电费结算流程后，按照正确的电费年月重新发起临时计划。

⑥当提示规则"SH092 两保户电费减免大于15 度""SH105 社会救助对象未扣减优惠电量"时，应重点审核社会救助对象减免是否按照政策执行，每一个社会救助对象信息减免15 度电费/月，是否存在未减免或者重复减免的情况。核实用户电费年月是否正确，是否当月多次出账。正确处理方式为若存在档案差错，则修正社会救助对象档案后退补差错期间的电量电费；若年费年月有误，则终止电费流程，按照正确的电费年月重新发起量费计划；若由于当月多次出账导致社会救助对象未享受优惠，则需要按优惠政策退补。

⑦当提示规则"SH100 分次结算用户终次无扣减电费"时，应重点审核用户是否当月分次结算出账记录，但是终次结算时未扣减分次结算电量电费，导致电量电费重复计算。正确处理方式为确认有误后，提交问题管理，修正后重新计算发行。

⑧当提示规则"SH102 暂停时间小于15 天"时，应重点审核用户从变压器停用之

日起至变压器启用之日止，小于 15 日的情况下，当月电费和上月电费台账，核实是否存在基本电费错误减免。正确处理方式为确认存在电费差错后，按照暂停不满 15 天不扣减基本电费的原则退补电量电费。

⑨当提示规则"SH109 居民阶梯指标月数小于1"时，应重点审核居民用户阶梯档案及阶梯电费计算是否有误，是否未按照年阶梯计算，而是错误地按月阶梯计算或错误地将全月电量按照第三阶梯电价计算等。正确处理方式为确认存在阶梯差错后，提交问题管理修正用户阶梯档案后，重新计算发行。

⑩当提示规则"SH110 上次或者本次抄表日期小于当前电费年月 1 号"时，应重点审核用户抄表日期是否有误，电量发生时间与抄表时间是否不一致，是否存在过户跨月导致过户前用户电量电费多计的情况。正确处理方式为确认存在电费差错后，按照电量发生的时间和用户主体属性退补电量电费。

三、二次电费复核

（一）业务流程

量费二次复核是指在量费核算发行后，依据量费二次复核策略，包括对所有新装、增容、变更用电客户以及发电、转供电、事中审核中异常等特殊客户进行电费二次审核。对无异常的用户直接对用户二次复核台账进行无异常确认，对存在档案异常的用户可发起异常工单，由业务人员回复后归档闭环。具体流程如图 3-3 所示。

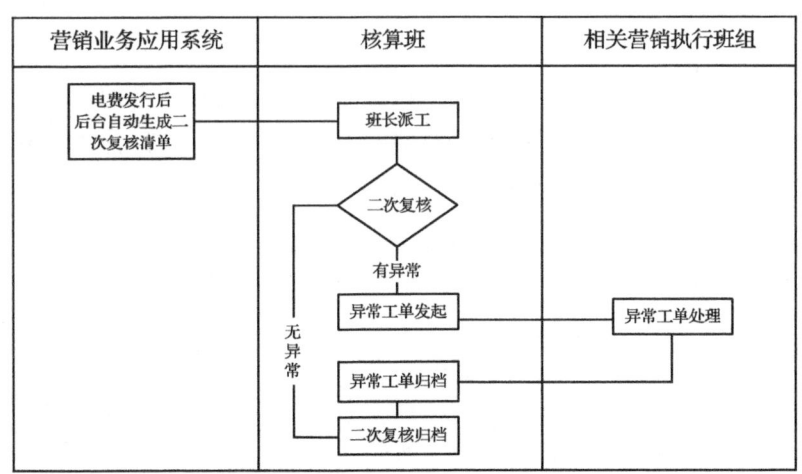

图 3-3 二次电费复核流程图

（二）二次复核规则

二次复核规则是在电费发行之后，在系统中按照历史发现电费差错较多的情况配置响应策略，系统对符合策略中异常情况的生成二次复核清单，由核算人员对清单列表中的用户机内逐户确认电费台账。二次复核规则见表 3-2。

表 3-2　二次复核规则

审核规则组件编号	审核规则组件名称	审核异常类型
TFH067	事中审核自动转入二次复核	示数异常
TFH066	有被转供用户	示数异常
TFH065	需量用户计算偏离理论值（计算需量不在合同容量的 0.4 到 0.7 的区间内或计算需量大于 1.15× 核定值）	示数异常
TFH064	按容量计算基本电费用户计算容量跟合同容量不一致	示数异常
TFH063	业扩变更用户	示数异常
TFH062	新装用户	示数异常
TFH061	冰蓄冷用户	示数异常
TFH060	高供低计用户无变压器损耗	示数异常
TFH059	有线损率没有线损电量	示数异常

第二节　实用案例

一、两路常供的需量用户，系统内电源性质有误，需量未叠加计算基本电费

1. 案例描述

核算人员在电费复核的时候发现用户两路电源存在同时用电的情况，但是用户需量基本电费计算时，未将两路需量叠加计算，如图 3-4 所示，只计收了其中一路电源 3157kW 需量电费，另一路电源 178kW 需量电费未计收。

图 3-4　基本电费明细信息

2. 问题剖析

经核实，用户电费差错原因为系统内电源性质有误。系统内将电源性质误配置为"一主一备"（如图 3-5 所示），实际用户容量为两路叠加（如图 3-6 所示），用户电源性质有误导致需量未叠加计算，引起电费差错。

电源类型	电源相数	供电电压	供电容量(kVA)	电源性质
公线	三相电源	交流35kV	6300	主供电源
公线	三相电源	交流10kV	500	备用电源

图 3-5　电源性质配置信息

合同容量　6800　kW/kVA　　　运行容量　6800　kW/kVA

图 3-6　运行容量信息

3. 处理方法

电源性质应该配置为主供电源（如图 3-7 所示），该用户应将电源性质更正后退补历史需量基本电费。

电源类型	电源相数	供电电压	供电容量（kVA）	电源性质
公线	三相电源	交流110kV	81500	主供电源
公线	三相电源	交流110kV	50000	主供电源

图 3-7　更正后的电源性质配置信息

4. 防范措施

依据《供电营业规则》（中华人民共和国电力工业部第 8 号令）第八十五条，以变压器容量计算基本电费的用户，其备用的变压器（含高压电动机）属冷备用状态并经供电企业加封的，不收基本电费；属热备用状态的或未经加封的，不论使用与否都计收基本电费。在受电装置一次侧装有连锁装置互为备用的变压器（含高压电动机），按可能同时使用的变压器（含高压电动机）容量之和的最大值计算其基本电费。

多回路供电用户系统内电源运行方式等流程参数设置要求见附录。

二、无功计度器未配置导致功率因数调整电费计算有误

1. 案例描述

核算人员在电费复核的时候，发现执行功率因数调整电费的高供低计用户，抄表示数缺失无功抄表记录（如图 3-8 所示）。

2. 问题剖析

执行功率因数考核的用户未配置无功计度器（如图 3-9 所示），导致电费差错。

计量点电量信息	变压器快照信息	线路快照信息	电厂快照信息	零售交易电价方案	零售交
示数类型 ≑	上次示数 ≑	本次示数 ≑	综合倍率 ≑	本次电量 ≑	数据来源 ≑
正向有功（总）	857.5	1033.35	80	14068	当前
正向有功（尖峰）	12.9	17.29	80	351	当前
正向有功（峰）	522.09	624.91	80	8226	当前
正向有功（谷）	322.51	391.14	80	5490	当前

图 3-8　抄表记录信息

序号	电能计量点用途类型	示数类型	示数	抄见位数	抄表日期
1	售电侧结算	正向有功（总）	1033.35	6.4	2023-...
2	售电侧结算	正向有功（尖峰）	17.29	6.4	2023-...
3	售电侧结算	正向有功（峰）	624.91	6.4	2023-...
4	售电侧结算	正向有功（谷）	391.14	6.4	2023-...

图 3-9　计度器配置信息

3. 处理方法

该用户应添加无功 Q1 计度器，应对历史功率因数调整电费进行退补。

4. 防范措施

低供低计执行功率因数考核的用户应配置无功 Q1、Q4 计度器，高供低计执行功率因数考核的用户（无关联分布式电源，自备电厂，储能）应配置无功 Q1 计度器，高供高计执行功率因数考核的用户应配置无功 Q1、Q4 计度器。

三、需量用户部分暂停，暂停抄表有误，导致基本电费计算有误

1. 案例描述

核算人员在 2023 年 1 月终次电费复核的时候发现需量用户暂停，表计未更换，变更时特抄的需量大于当前抄表需量，如图 3-10 所示，基本电费计算有误。

计量点电量信息	变压器快照信息	线路快照信息	电厂快照信息	零售交易电价方案	零售交
示数类型 ≑	上次示数 ≑	本次示数 ≑	综合倍率 ≑	本次电量 ≑	数据来源 ≑
最大需量	0	0.3323	3000	997	变更
最大需量	0	0.1406	3000	422	当前

图 3-10　需量抄表信息

2. 问题剖析

经核实，发现变更时最大需量发生时间为 2022 年 12 月 10 日，发生时间不在本抄表周期内，如图 3-11 所示。该问题属于业扩抄表差错，在暂停特抄时，业务人员误抄上月最大需量导致电费差错。

本月最大需量（kW）	本月最大需量发生时间	上月最大需量（kW）	上月最大需量发生时间
0.1406	2023-01-02 16:26:00	0.3323	2022-12-10 16:16:00

图 3-11　用电采集信息

3. 处理方法

最大需量用户发生变更，特抄时应该抄录表计当月最大需量，即为图 3-11 中的本月最大需量 0.1406。该用户应根据采集实际最大需量退补基本电费。

4. 防范措施

依据《国网浙江电力营销部关于印发进一步加强电费抄核收管理工作的通知（试行）》（浙电营字〔2021〕30 号）的有关规定，需量客户正常抄表例日抄表应抄录上月最大需量值，变更特抄应抄录表计当前最大需量值。

四、高供低计余电上网用户未维护台区导致变损未分摊计算

1. 案例描述

核算人员在电费复核的时候发现上网计量点为高供低计光伏用户，上网电量未扣减变损电量，如图 3-12 所示，上网电量计算有误。

图 3-12　应付电费明细

2. 问题剖析

产权分界点与发电计量点不一致，应计算变损。工作人员在光伏新装时未维护公

共连接点的台区信息,如图 3-13 所示,导致上网电量未扣减变损。

图 3-13 公共连接点的台区信息

3. 处理方法

自发自用余电上网的光伏用户,其上网与关联用电户共用变压器,故应将台区维护成与关联用电户一致;在维护台区后对关联用电户和发电用户同时退补。

五、发电表计计量点配置有误导致上网电量大于发电量

1. 案例描述

核算人员在电费复核的时候发现自发自用余电上网的光伏用户上网电量大于发电量,发电电量异常,如图 3-14 所示。

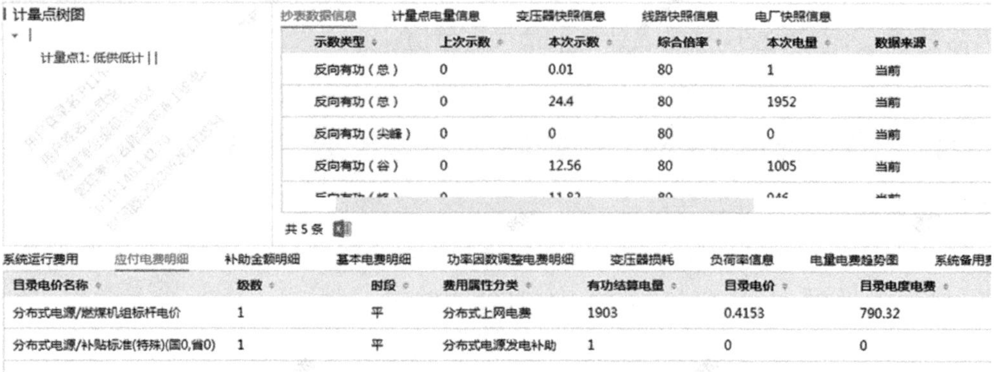

图 3-14 抄表数据和上网电费信息

2. 问题剖析

用户发电计量点应配置正向有功总计度器,计量发电电量,该用户错误配置为反向有功总导致发电量计算有误。

3. 处理方法

将发电计量点更正为正向有功总,并按照正反向计度器止度进行全退全补。

六、光伏用户发电表计反接导致上网电量大于发电量

1. 案例描述

核算人员在电费复核时发现自发自用余电上网的光伏用户上网电量大于发电量,发电电量异常,如图 3-15 所示。

计量点树图	抄表数据信息	计量点电量信息	变压器快照信息	线路快照信息	电厂快照信息
计量点1: 低供低计｜分布式能源	示数类型	上次示数	本次示数	综合倍率	本次电量	数据来源
	正向有功（总）	61494	61496	1	2	当前
	正向有功（尖峰）	25118	25118	1	0	当前
	正向有功（峰）	15417	15418	1	1	当前
	正向有功（谷）	20958	20959	1	1	当前
	反向有功（峰）	111.59	114.58	120	359	当前

共 8 条

系统运行费用	应付电费明细	补助金额明细	基本电费明细	功率因数调整电费明细	变压器损耗	负荷率信息	电量电费趋势图
目录电价名称	级数	时段	费用属性分类	有功结算电量	目录电价	目录电度电价
分布式电源/燃煤机组标杆电价	1	平	分布式上网电费	3265	0.4153	1355.95
分布式电源/补贴标准(特殊)(国0,省0)	1	平	分布式电源发电补助	2	0	0

图 3-15 抄表数据和上网电费信息

2. 问题剖析

经过核查，从用户采集中发现发电表计存在反向电量，如图 3-15 所示，同时正常光伏发电时间负荷为反向，如图 3-16、图 3-17 所示，现场表计反接。

正向有功总（kWh）	尖（kWh）	峰（kWh）	平（kWh）	谷（kWh）	反向有功总（kWh）
61496.09	25118.35	15418.44	0	20959.28	4500.99
61496.04	25118.35	15418.43	0	20959.25	4426.29
61495.99	25118.35	15418.41	0	20959.21	4342.33
61495.93	25118.35	15418.39	0	20959.18	4305.59
61495.88	25118.35	15418.38	0	20959.14	4271.09

图 3-16 采集数据信息界面一

日期	资产编号	瞬时有功	瞬时无功	A相电流	B相	C相	零
2023-07-31 10:15:00	000100	-17.3520		-25.055	-25.116	-25.145	
2023-07-31 10:00:00	000100	-19.4299		-28.304	-28.383	-28.421	
2023-07-31 09:45:00	000100	-14.2656		-20.727	-20.807	-20.833	
2023-07-31 09:30:00	000100	-16.3224		-23.658	-23.742	-23.755	
2023-07-31 09:15:00	000100	-17.2342		-24.984	-25.048	-25.095	

图 3-17 采集数据信息界面二

3. 处理方法

自发自用余电上网的光伏用户，发电表计正向计量发电量，应现场换表或纠正接线，并根据现场纠正时的正反向表计止度退补。

七、集中式充换电设施未执行分时电价导致电费差错

1. 案例描述

核算人员在负荷时发现集中式充换电设施执行大工业单费率电价，如图 3–18 所示，电价执行有误。

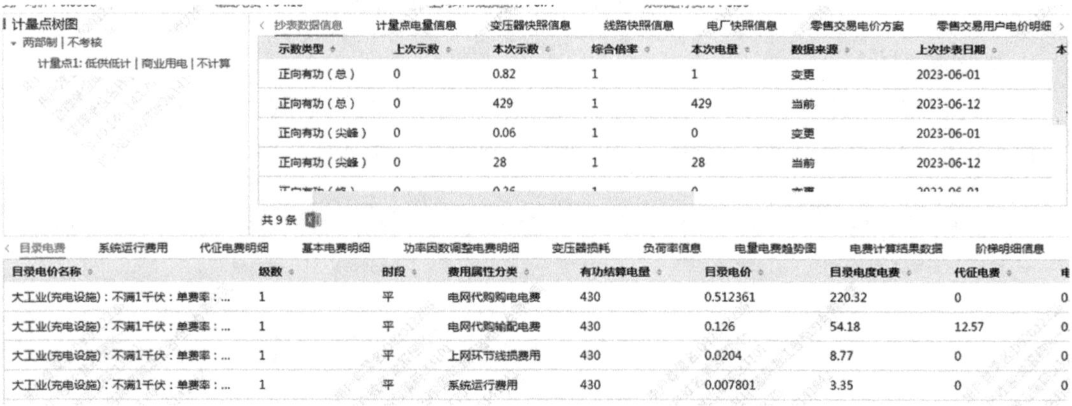

示数类型	上次示数	本次示数	综合倍率	本次电量	数据来源	上次抄表日期
正向有功（总）	0	0.82	1	1	变更	2023-06-01
正向有功（总）	0	429	1	429	当前	2023-06-12
正向有功（尖峰）	0	0.06	1	0	变更	2023-06-01
正向有功（尖峰）	0	28	1	28	当前	2023-06-12

目录电价名称	级数	时段	费用属性分类	有功结算电量	目录电价	目录电度电费	代征电费
大工业(充电设施)：不满1千伏：单费率：...	1	平	电网代购购电电费	430	0.512361	220.32	0
大工业(充电设施)：不满1千伏：单费率：...	1	平	电网代购输配电费	430	0.126	54.18	12.57
大工业(充电设施)：不满1千伏：单费率：...	1	平	上网环节线损费用	430	0.0204	8.77	0
大工业(充电设施)：不满1千伏：单费率：...	1	平	系统运行费用	430	0.007801	3.35	0

图 3–18　集中式充换电设施执行大工业单费率电价

2. 问题剖析

集中式充换电设施应执行分时电价，用户电价执行有误。

3. 处理方法

更正为大工业（充电设施）三费率电价，并根据大工业时段电量进行退补。

八、大工业（充电设施）电价用户配置工商业时段表计导致电费差错

1. 案例描述

核算人员在复核时发现用户集中式充换电设施用户新装，配置表计时段为“工商业”，如图 3–19、图 3–20 所示，存在电费差错。

计量点性质	计量点分类	计量方式	电量计算方式	执行电价	电价行业类别
结算	用电客户	低供低计	实抄（装表计量）	大工业(充电设施)...	充换电服务业

图 3–19　行业类别和执行电价

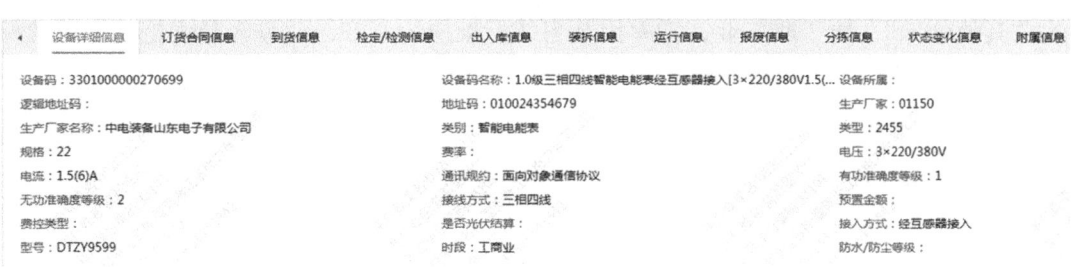

图 3-20 表计时段配置信息

2. 问题剖析

依据浙江省发展改革委《关于进一步完善我省分时电价政策有关事项的通知》（浙发改价格〔2021〕341 号），目前大工业跟一般工商业尖、峰、谷时段不同。集中式充换电设施执行大工业两部制电价，免收基本电费，时段应为“大工业”而非“一般工商业”。

3. 处理方法

现场换表，更换为“大工业”时段表计，并按照大工业时段电量退补。

九、功率因数考核标准配置有误导致电费差错

1. 案例描述

核算人员在复核时发现用户行业分类为“其他仓储业”，功率因数考核标准为 0.8，如图 3–21、图 3–22 所示，存在电费差错。

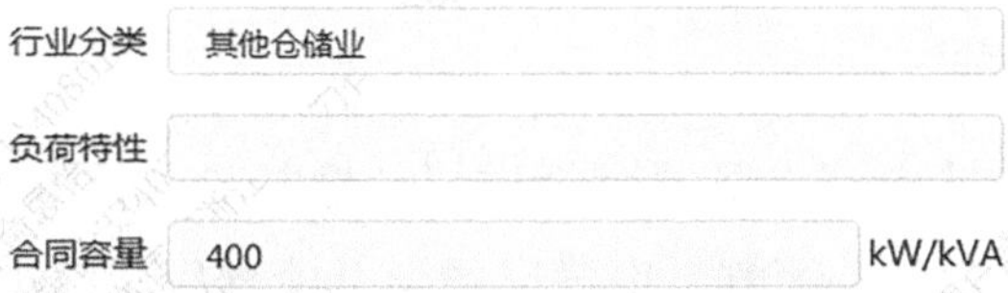

图 3-21 行业分类信息

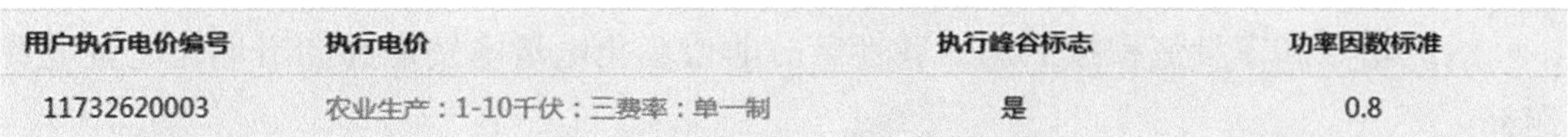

用户执行电价编号	执行电价	执行峰谷标志	功率因数标准
11732620003	农业生产：1-10千伏：三费率：单一制	是	0.8

图 3-22 功率因数考核信息

2. 问题剖析

用户功率因数考核标准应按照用户的行业分类和容量、电压等级配置，与用户执行电价无关，详见《关于颁发〈功率因数调整电费办法〉的通知》[国家物价局（83）水电财字 215 号]。用户用电性质为“农村冷冻仓储”，执行农业生产电价，行业分类

为"其他仓储",属于非工业,功率因数考核标准应为 0.85,业务人员误把功率因数标准按照农业配置,导致电费差错。

3. 处理方法

将用户的功率因数考核标准改为 0.85 后,退补电费。

第三节 电费退补

电量电费退补分为政策性退补和非政策性退补。政策性退补是指,国家电价政策调整时,按政策规定及时补收或退还电费。非政策性退补是指,各种原因导致电费差错时,按照正确电量电费及时补收或退还电费,包括:

①因用户违约用电、窃电引起的电量电费追补;

②因计费电能表故障、烧毁、停走、空走、快走、电能表失压、不停电调表、电能表接线错误等引起的电量失准;

③因采集故障、抄表差错、计费参数错误等引起的电量或电费异常;

④因在业扩流程安装信息录入环节未正确录入电能表示数引起的拆表差错;

⑤因营销业务应用系统程序不完善引起的电量电费差错;

⑥因交易中心或售电公司提供的市场化电费计算结果错误引起的电量电费退补;

⑦因交易规则调整等因素引起的电量电费退补;

⑧因其他原因引起的电量电费退补。

一、退补业务流程

电量电费退补由退补申请人员填写纸质"电量电费退补审批单",并在营销业务应用系统中发起电量电费退补流程。电量电费退补流程应详细填写退补原因、责任人(部门)、退补理由及依据、退补起讫时间、详细计算过程等内容,正确选择退补差错类型,填写内容必须与机外纸质审批单内容一致。

后续审核和审批流程按照用户属性区分非市场化电量电费退补和市场化电量电费退补。

(一)非市场化电量电费退补

非市场化电量电费退补由核算人员按电费计算规则和基本业务逻辑,审核退补计算公式与退补依据,退补时间是否相符,审核通过后按照退补金额逐级审批,具体审批层级根据省公司规范执行。电量电费退补经审批同意后,由电费核算人员完成退补电费发行,流程如图 3-23 所示。

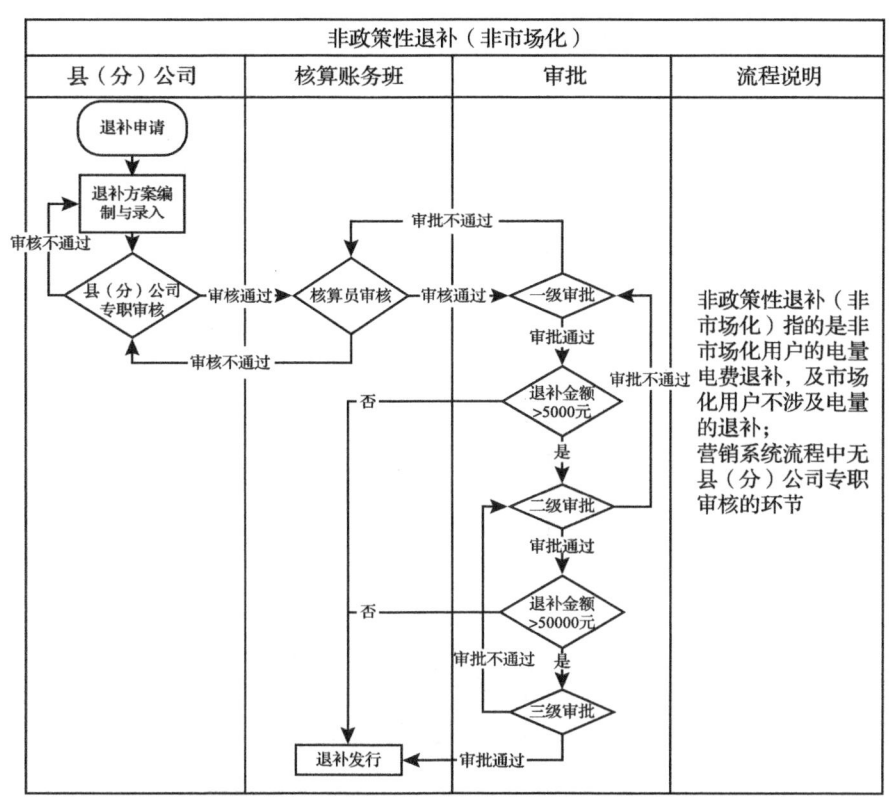

图 3-23 非市场化电量电费退补流程图

（二）市场化电量电费退补

市场化电量电费退补由地市核算人员按电费计算规则和基本业务逻辑，审核退补计算公式与退补依据，退补时间是否相符，审核通过后按照退补金额逐级审批，具体审批层级根据省公司规范执行。电量电费退补经审批确认后，由省营销服务中心市场化核算人员进行退补电费计算审核发行，并将退补电量电费推送至交易中心和相关市场主体。市场化电量电费退补流程如图 3-24 所示。

二、退补案例

◆ 案例一

1. 案例描述

某代理购电的专线用户，由于 C 相电压互感器熔丝熔断导致电量漏计，属于计量差错，需要追补少计电量。

2. 处理方法

专线用户按照变电站侧表计计量电量和故障期已结算的电量差值追补电量电费，并根据退补电费金额逐级审批，非市场化电量电费退补审批单案例如图 3-25 所示。

电费业务数智体系建设与应用

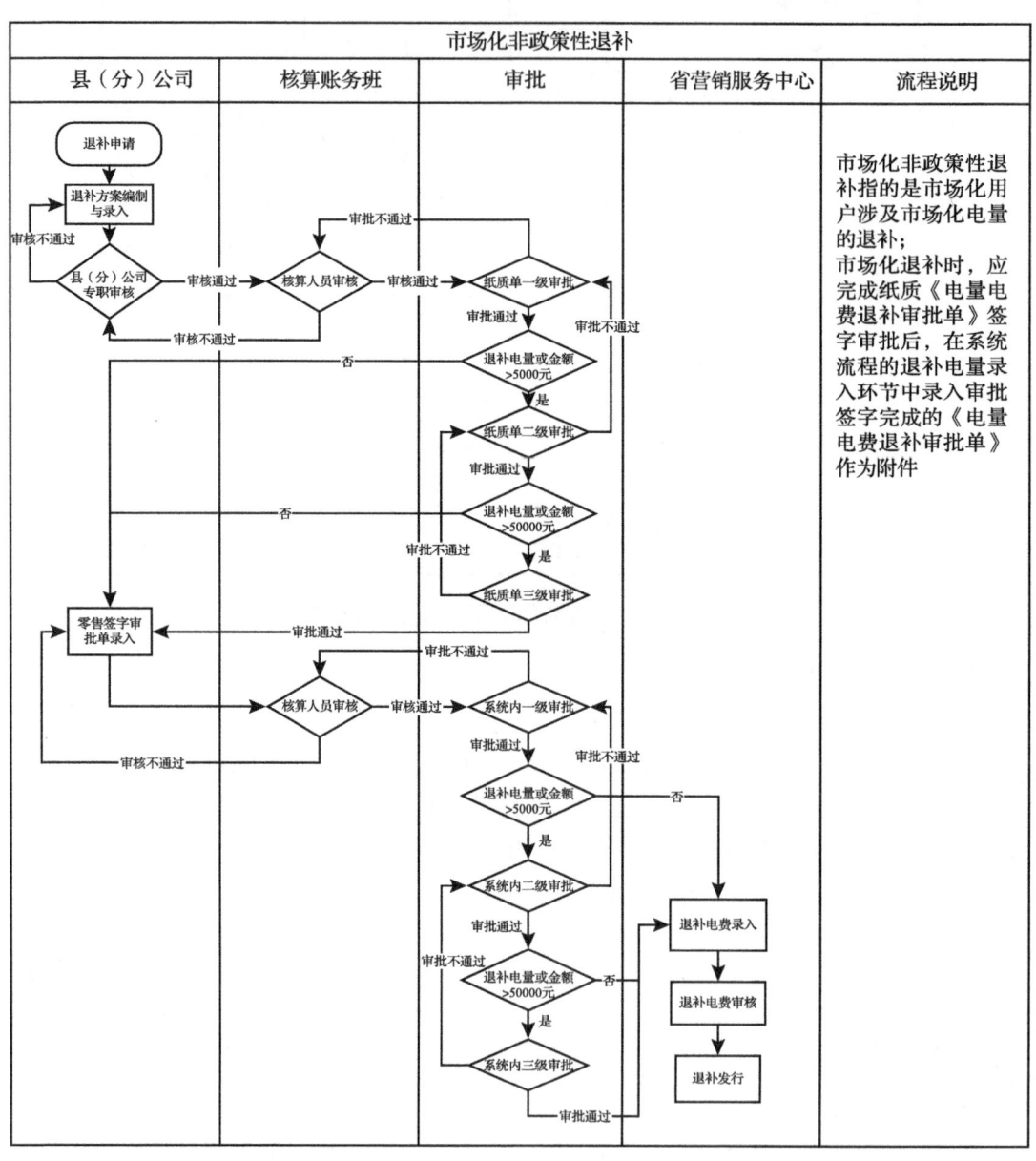

图 3-24　市场化电量电费退补流程图

电量电费退补审批单

部门名称(盖章)：******　　　　退补类型：计量差错　　　　日期：2023 年 11 月 2 日

流程号	******	户号	******	差错年月	2023 年 7 月
户名	***********				
用电地址	***********				
现场核查人	***	核查时间	2023 年 7 月 17 日		
核查结果	根据现场管理终端监控结果，该户××线计量柜内高压熔丝于 2023 年 7 月 16 日 2：30 开始发生异常(c 电压渐降)，随后熔断，于 2023 年 7 月 17 日 16：15 完成高压熔丝更换处理，恢复正常。				
退补原因	根据《供电营业规则》第八十一条第 2 点的规定，在高压熔丝熔断期间须对用户进行补电量处理。				
退补方案	该户 7 月 16 日 0 点变电所侧关口表示数 30.23，用户侧表示数 15.07（尖 3.5，峰 5.08，谷 6.48）；7 月 18 日 0 点变电所侧关口表示数 34.19（尖 3.92，峰 5.53，谷 7.27），用户侧表示数 16.73，用户侧表综合倍率为 56000，变电所侧表综合倍率为 28000，线损不计算。由此计算 7 月 16 日 0 点至 7 月 18 日 0 点变电所侧关口表电量=（34.19－30.23）×28000=110880kW·h。参照该户 8 月的尖峰谷比例计算得出：尖峰电量=110880×458080÷（458080+445760+854000）=28895kW·h，高峰电量=110880－28895－53868=28117kW·h，低谷电量=110880×854000÷（458080+445760+854000）=53868kW·h。 计算 7 月 16 日 0 点至 7 月 18 日 0 点用户侧表计总电量=（16.73－15.07）×56000=92960kW·h，尖电量=（3.92－3.5）×56000=23520kW·h，峰电量=（5.53－5.08）×56000=25200kW·h，谷电量=（7.27－6.48）×56000=44240kW·h。92960=23520+25200+44240，尖峰谷平。 断相期间补尖电量=28895－23520=5375kW·h，峰电量=28117－25200=2917kW·h，谷电量=53868－44240=9628kW·h。合计补电量=5375+2917+9628=17920kW·h。该户 2023 年 7 月电量=1280720+17920=1298640kW·h，容量 80000kVA，1298640÷80000=16.23，小于 260，按需量基本电价计算不可以打九折，需量电费无须退补。 该用户为普通代购用户，应补尖峰电费=5375×1.042263=5602.16 元，应补高峰电费=2917×0.850163=2479.93 元，应补低谷电费=9628×0.105163=1012.51 元。 应补输配电费=17920×0.0955=1711.35 元，应补上网环节线损费用=17920×0.0206=369.15 元，应补系统运行费=17920×0.037499=671.99 元，应补代征电费=17920×0.029238=523.94 元。 参照该户 2023 年 8 月功率因数 0.98，力调系数－0.0075，应补力调电费=－0.0075×（5602.16+2479.93+1012.51+1711.35+369.15）=－0.0075×11175.11=－83.81 元。 合计应补=5602.16+2479.93+1012.51+1711.35+369.15+671.99+523.94－83.81=12287.22 元。 签名（供电所/班组长）：				
审批意见	客户服务中心/业务管理室： 市/县公司营销部： 分管领导：				

审核（核算班）：　　　　　　　　经办人：

图 3-25　电量电费退补审批单案例

◆ 案例二

1. 案例描述

某三相三线高供高计的零售专线用户,由于 C 相电压互感器熔丝熔断导致电量漏计,属于计量故障(计量差错),需要追补少计电量。

2. 处理方法

三相三线公线用户根据公式法计算追补电量,并根据退补电费金额逐级审批,市场化电量电费退补审批单案例如图 3-26 所示。

◆ 案例三

1. 案例描述

根据营销系统查询,某高压新装流程 2022 年 12 月 29 日结束,2023 年 1 月 4 日计量装表人员现场检查发现该用户双路中一路表计的计量二次回路电流接线接反,表计上的电量计在反向电量中,因此应补 2022 年 12 月 29 日至 2023 年 1 月 13 日期间少计电量。该用户电能表计量故障期间的有功抄见电量如下。

2022 年 12 月 29 日为计量故障起始时间。

2023 年 1 月 4 日 13:00:00 为计量故障终止时间;计量二次回路重新接线后计量恢复正常,现场抄录电能表反向有功总为 $0.29\text{kW}\cdot\text{h}$,反向无功总为 $0.17\text{kVar}\cdot\text{h}$,综合倍率 88000。

请计算应补收的电费金额。

2. 问题剖析

(1) 电能表计量故障期间的有功抄见电量

电能表计量故障期间的反向有功抄见电量:

$W'=(-0.29-0)\times 88000 = -25520$(kW·h)

(2) 按更正系数法计算应补电量

G(更正系数)

$$= \frac{P(\text{电能表计量正常期间有功功率})}{P'(\text{电能表计量故障期间有功功率})} = \frac{W(\text{电能表计量正常期间用电量})}{W'(\text{电能表计量故障期间用电量})}$$

$$P = U_a I_a \cos\phi_a + U_b I_b \cos\phi_b + U_c I_c \cos\phi_c = 3UI\cos\phi$$

$$P' = U'_a I'_a \text{COS}(180°+\phi_a) + U'_b I'_b \text{COS}(180°+\phi_b) + U'_c I'_c \text{COS}(180°+\phi_c)$$

因为:$U'_a = U'_b = U'_c = U_a = U_b = U_c = U$,$\dot{I}'_a = -\dot{I}_a$;$\dot{I}'_b = -\dot{I}_b$;$\dot{I}'_c = -\dot{I}_c$;$I_a = I_b = I_c = I$

所以:$G = \dfrac{P}{P'} = \dfrac{W}{W'} = \dfrac{3UI\cos\varphi}{-3UI\cos\varphi} = -1$

应补电量:$\Delta W = G \times W = (-1)\times(-25520) = 25520$(kW·h)

因电能表为三相四线电能表,故应补电量就等于抄见反向电量。

电量电费退补审批单

部门名称(盖章)：**供电分公司　　退补类型：计量故障　　日期：2023 年 10 月 8 日

流程号	******	户号	******	差错年月	2023 年 9 月
户名	***********				
用电地址	***********				
现场核查人	***	核查时间	2023 年 9 月 28 日		
核查结果	该户高压计量柜内计量异常，退补时间为 2023 年 9 月 20 日 16：15 至 2023 年 9 月 28 日 15：30（高压计量熔丝 C 相熔断），退补原因为高压计量熔丝熔断。				
退补原因	高压计量柜内高压计量熔丝 C 相熔断，退补电量电费。				
退补方案	退补计算方式： 1.错误功率=$U_{AB}I_ACOS(30°+φ)$=UICOS(30°+φ)。 2.功率因数参照正常月份 2023 年 8 月的 0.97，φ=14.07°，tanφ=0.25。 3.更正系数 K=正确功率/错误功率=$\sqrt{3}$UICOSφ/UICOS(30°+φ)=2$\sqrt{3}$/（$\sqrt{3}$-tanφ）=2$\sqrt{3}$/（$\sqrt{3}$-0.25）=2.34，更正率 K-1=1.34。 4.根据采集系统数据，熔丝熔断期间抄表电量为：（1000.28－987.56）×8000=101760kW·h。 5.故障期间需补电量为：101760×1.34=136358kW·h。 6.零售交易电费：0.49836×136358=67955.37 元。 零售输配电费：0.243638×136358=33221.99 元。 发用两侧电能电费偏差：0.0183×136358=2495.35 元。 上网环节线损费用：0.0188×136358=2563.53 元。 系统运行费用：0.0112×136358=1527.21 元。 合计电费：67955.37+33221.99+2495.35+2563.53+1527.21=107763.45 元。 7. 功率因数参照 2023 年 8 月的－0.011，功率因数参与调整电费： 零售输配电费：0.2144×136358=29235.16 元。 功率因数调整电费：(67955.37+29235.16+2495.35+2563.53)×(－0.011) 　　　　　　　=-1124.74 元。 8.合计应补电费=107763.45－1124.74=106638.71 元。 　　　　　　　　　　　　　　　　　　签名（供电所/班组长）：				
审批意见	客户服务中心： 营销部： 分管领导：				

　　　　　　　　　　　　　　　　　　　　　　审核：　　　　　　　经办人：

图 3-26　市场化电量电费退补审批单案例

$\Delta W = W' = 25520$（kW·h）

因用户为专线用户，线损率为0.25%，需要计算线损电量：25520×0.25%=64（kW·h）。

合计补电量：25520+64=25584（kW·h）

（3）应补电费

用户为代理购电用户，故应补电费为代理购电电费＋输配电费

25584×0.544562+25584×0.259538 = 20572.09（元）

根据营销系统1月功率因数调整系数为0.04，功率因数调整电费（25584×0.544562+25584×0.206）×0.04 = 768.09（元），合计共补电费 20572.09+768.09=21340.18（元）。

第四章 电费门禁业务

目前，客户电费通过营销系统客户档案中的各项参数由系统自动计算而得。这些电费计算参数均是业务人员在业扩各环节中根据客户申请及政策规定事先设定形成，业扩前端计费参数设置的准确性直接影响电费计算效率和准确率。实际业务执行过程中，由于业务人员对政策规定掌握得不全面、业务水平低、专业之间有信息断层、误操作等因素，常常发生业扩流程中用户计费参数设置错误，最终影响用户电费计费准确性的现象。因此，有必要对业扩流程设置一道门禁，对业扩流程中计费参数设置的准确性进行技术把关。

电费门禁的作用就是通过建设电费参数校验规则库，将计费参数数字化管控策略嵌入业扩流程中现场勘查等作业环节，通过对计费参数确认异常的流程限制下发、对计费参数疑似异常的流程进行风险提示等功能优化，强化"技防"手段，实现电费电价异常提前消缺，从系统源头防控电费差错问题发生。

第一节 电费门禁规则

一、门禁规则分类

（一）按开发部署环境分

门禁规则按其开发部署环境不同，可以分为统一软件门禁和省侧门禁。目前，统一软件门禁规则共有 679 条，浙江省省侧门禁规则目前共有 135 条。门禁规则数量是不断变化的，当电价政策和业务规则发生变化或日常业务中有需求时，门禁规则调整内容经评审通过后可以开展门禁规则退出或增加的变更调整。

1. 统一软件门禁

统一软件门禁指设置在统一软件的业扩程序中，使用该统一软件的各网省公司其业扩流程都将进行校验的门禁规则。包含规则编号、规则名称、规则描述、提示方式、规则状态、变更日期等信息。

统一软件中的门禁规则信息可通过营销系统中的菜单查询，查询路径为：综合管理/校验规则库管理/校验规则查询–规则 TAB 页查询。查询结果如图 4-1 所示。

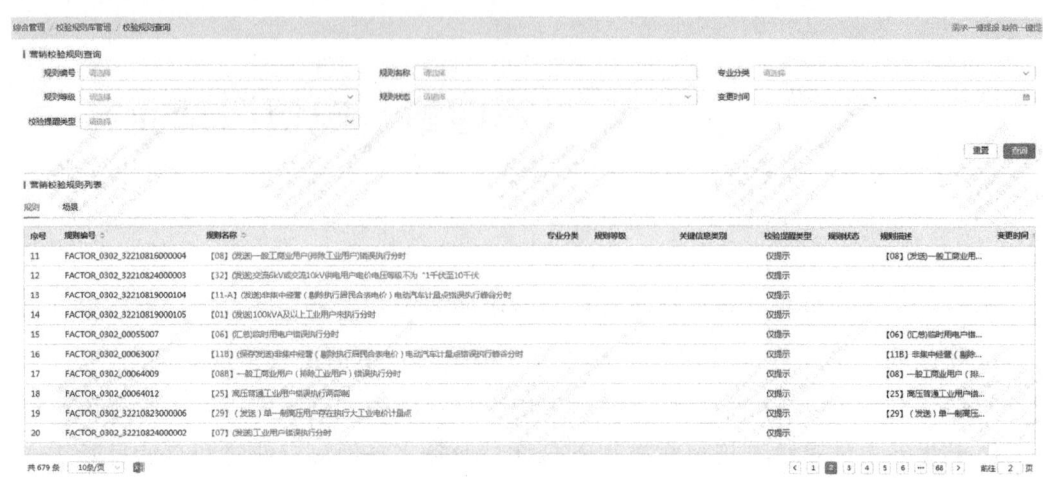

图 4-1 门禁规则查询结果

根据筛选条件可查询对应门禁规则信息。若不设筛选条件，直接点击"查询"，则可得全部规则信息。其中，筛选条件"规则名称"支持模糊查找功能。

系统将门禁规则按所涉专业划分为：业扩报装、电费电价、计量采集、客户服务、新型业务、其他。

一条统一软件门禁规则的信息详情如图 4-2 所示。

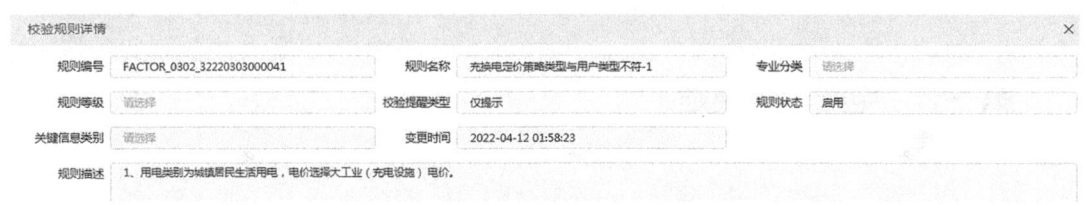

图 4-2 门禁规则信息详情

2. 省侧门禁

省侧门禁指省公司根据本省自身需要，自行开发设置的门禁规则。该规则只对本省各公司的业扩流程进行校验。

省侧门禁规则包含规则编号、规则名称、规则描述、提示方式、规则状态、创建日期等信息。在流程校验弹窗信息中，省侧门禁规则的提示内容前有"属地化"前缀标识。

（二）按校验方式分

门禁规则按其校验方式不同，可以分为强制类和提示类。

1. 强制类

强制类校验指业扩流程中计费参数确认设置错误，系统流程被限制，无法下传。

业务人员须将相关计费参数修改正确，系统校验无误后方可继续下发流程。

2. 提示类

提示类校验指业扩流程中计费参数设置疑似错误，业务流程下传时系统仅进行弹窗提示，提醒业务人员再次确认。如业务人员确认无误，流程即可下传；若业务人员发现有误，可以在当前流程中将相关参数修改正确后，再下传流程。

（三）按规则使用状态分

电力政策经常发生调整，系统中原先设置的门禁校验规则在运行一定时间后可能不适用，要将其退出运行，系统通过规则状态参数来区分该规则是否在用。

统一软件门禁分为"启用""停用"。目前启用状态有541条。

省侧门禁分为"生效""无效"。目前生效状态的有108条。

二、门禁规则校验内容

门禁规则的校验内容根据需要设置，目前主要分为以下八类。

用户信息：基础信息、用电分类信息、容量信息等。

计费方案：定价策略、分类电价、分时电价、力率等。

计量方案：计量点信息、计数器信息、止度信息等。

电源方案：供电电源、受电点等。

受电设备方案：变压器信息、损耗、停送电时间等。

采集方案：采集点、采集终端等。

合同方案：合同版本信息等。

业务规范：受理规则、时限要求、业务费收取规定等。

三、门禁规则业务场景

门禁规则业务场景根据需要设置，校验内容不同，其业务场景也不同。业务场景一般包含流程名称、流程环节和触发点，如某门禁规则的业务场景为"减容恢复－上门服务－发送"。一条门禁规则可能应用在不同的流程、不同的环节或触发点，组合后就会产生多个业务场景。如统一软件规则"FACTOR_0302_32220218000035 大工业（充电设施）电价用电类别不为商业用电"业务场景为5个，分别为"高压新装增容－现场勘查－发送""高压新装增容－供电方案拟定－发送""高压新装增容－竣工验收－发送""暂（复）换－上门服务－发送""暂（复）换－竣工验收－发送"。

统一软件规则业务场景查询路径为：综合管理/校验规则库管理/校验规则查询－场景TAB页查询。如统一软件规则"FACTOR_0302_32220218000035"业务场景查询结果如图4-3所示。

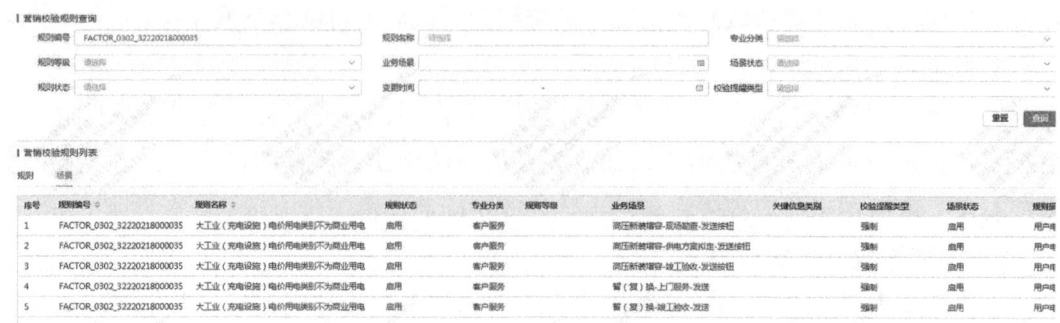

图 4-3　业务场景图

四、统一软件门禁规则介绍

（一）用户信息校验相关规则

用户信息校验的门禁规则主要有基础信息、用电分类信息、容量信息等方面的校验，主要规则如下。

1. 基础信息校验类规则

（1）客户基础信息完整性

【规则描述】高压用户，没有联系人用途为"法人联系人或电气联系人或账务联系人"的联系人。

【使用场景】新装、增容、改类、计量设备故障处理、减容、过户、销户、减容恢复、移表、暂拆等流程的受理环节。

【提示方式】强制。

（2）管理单位必须与发电客户一致

【规则描述】管理单位必须与发电客户一致。

【使用场景】低压分布式电源新装增容、高压分布式电源新装增容流程的受理、现场勘查环节。

【提示方式】强制。

（3）更名过户用户信息准确性

【规则描述】若需求类型为更名、过户、常规电源更名、常规电源过户，新客户名称与原客户名称一致，提示"新客户名称与原客户名称一致，请核实"。

【使用场景】更名、过户、常规电源变更流程的受理环节。

【提示方式】仅提示。

（4）用户名称和用电地址相同校验

【规则描述】用户名称和用电地址，与档案中其他已有用户的用户名称和用电地址相同时。

【使用场景】低压居民新装增容流程的受理环节。

【提示方式】仅提示。

（5）客户名称、用户名称与增值税信息名称不一致

【规则描述】增值税名称非空，但客户名称、用户名称与增值税信息名称不一致时，提示"增值税信息名称和客户名称，用户名称不一致，请修改"。

【使用场景】新装流程的受理环节。

【提示方式】强制。

（6）用电户名与增值税信息户名不一致

【规则描述】业务受理申请信息中票据类型为增值税专用发票，但用电户名与增值税信息户名不一致时，弹窗提醒"用电户名与增值税信息户名不一致，请核实"。

【使用场景】更名流程的受理环节。

【提示方式】仅提示。

（7）重复新增客户校验

【规则描述】新增客户时，如果系统中已经存在客户名称、证件类型、证件号码均相同的客户，不允许重复新增。

【使用场景】新装、增容、过户、虚拟倍率标准户新装等流程的受理环节。

【提示方式】强制。

（8）市场化类型错误

【规则描述】非拆除的计量点市场化属性分类是03、01开头，用电户的市场化属性分类必须是03、01开头，除改类流程外，浙江省还包括分布式电源、常规电源的新装、变更类流程。

【使用场景】高压新装增容（浙江省还包括分布式电源、常规电源的新装、变更类流程）流程的现场勘查环节。

【提示方式】强制。

（9）自备电源正确性

【规则描述】"电源数目"为单电源，则只能建立一个电源；若为双电源，则不少于两个电源；若为多电源，则须建立两个以上电源。受电点方案无自备电源，供电方案中添加自备电源。

【使用场景】新装、增容、并户、减容恢复、改压、分户、减容、虚拟倍率标准户新装流程的上门服务、方案拟定、竣工验收等环节。

【提示方式】强制。

（10）批量清算用户类型一致性

【规则描述】用电户的客户分类是01；用电户的市场化属性分类是01开头；用电户证件集合的证件类型是"低保证""五保证""特困证明""低边证"，有效生效日期

早于当前日期，有效失效日期晚于当前日期，生效标志是"生效"；用电户证件集合的证件类型是"身份证""居住证"，有效生效日期早于当前日期，有效失效日期晚于当前日期，生效标志是"生效"；有效生效日期和有效失效日期为空默认是当前日期。

【使用场景】过户流程的受理（批量导入时）环节。

【提示方式】强制。

（11）批量存在未拟定用户

【规则描述】批量用户中存在方案未拟定用户，请检查重试。

【使用场景】低压批量新装流程的上门服务环节。

【提示方式】强制。

（12）居民发电客户应录入项目信息

【规则描述】居民客户必须录入项目信息，发送环节增加校验规则"居民发电客户须录入项目信息，请检查"；非居民发电客户不校。

【使用场景】高压分布式电源新装增容流程的受理验收申请环节。

【提示方式】强制。

2. 用电分类信息校验类规则

（1）农业电价与行业分类疑似不符

【规则描述】电价为农业生产电价，但行业分类不是"农业""林业""渔业""畜牧业"等及其子类。

【使用场景】新装、增容、改类、暂停、减容、暂停恢复、减容恢复、暂（复）换流程的上门服务、现场勘查、供电方案拟定等环节。

【提示方式】仅提示。

（2）临时用电行业分类不是建筑业，用电类别不是非工业用电

【规则描述】当行业分类未选择"建筑业"或用电类别未选择"非工业用电"，则提示"临时用电行业分类不是建筑业或用电类别不是非工业用电，请核实"。

【使用场景】高压新装增容流程的受理现场勘查、供电方案拟定环节。

【提示方式】仅提示。

（3）行业分类与用户主电价行业分类不一致

【规则描述】用户的行业分类与用户一级计量点的电价行业类别不一致，提示"用户行业分类与用户主电价行业类别应一致，请修改"。

【使用场景】新装、增容、改类等流程的上门服务、现场勘查、供电方案拟定等环节。

【提示方式】仅提示。

（4）光伏用户客户类别选择错误

【规则描述】发电方式为光伏发电时，发电户客户类别选择不是"居民客户"且没

有上传项目备案文件。

【使用场景】分布式电源新装增容流程的受理环节。

【提示方式】强制。

（5）大工业（充电设施）电价用电类别不是商业用电

【规则描述】用户电价为"大工业（充电设施）"，用电类别不是"商业用电"时，提示"大工业（充电设施）电价用电类别应为商业用电，请修改"。

【使用场景】高压新装增容、暂（复）换流程的上门服务、现场勘查、供电方案拟定等环节。

【提示方式】强制。

3. 容量信息校验类规则

（1）容量正确性

【规则描述】"合计运行容量"大于"合计合同容量"。电源性质为"主供电源"或"常用互为备用电源"的"供电容量"之和大于该用户的合计合同容量。合计运行容量"与运行的电源方案"供电容量"之和不一致。合计运行容量与运行和常用互为备用的供电电源总容量不符。

"合计运行容量"与运行的受电设备方案"铭牌容量"之和不一致。

【使用场景】新装、增容、暂停、暂停恢复、减容等流程的上门服务、现场勘查、供电方案拟定等环节。

【提示方式】强制。

（2）合计功率应小于核定并网容量

【规则描述】校验发用电设备信息中主要备案设备（只校验设备类型为太阳能光伏组件或逆变器）合计功率应小于等于勘查信息中核定并网容量×103%，若大于则不能信息归档并显示提示信息"发用电设备信息中设备类型为太阳能光伏组件或逆变器合计功率大于并网容量×103%，请检查"。

【使用场景】分布式电源新装增容流程的并网验收环节。

【提示方式】强制。

（二）计费方案校验相关规则

计费方案的门禁规则主要有定价策略、分类电价、分时电价、力率等方面的校验，主要规则如下。

1. 定价策略校验类规则

（1）定价策略方案正确性

【规则描述】定价策略方案中功率因数考核方式为"不考核"，功率因数标准只能选择"不考核"。

【使用场景】新装、增容、减容、暂换等流程的上门服务、现场勘查、供电方案拟定等环节。

【提示方式】强制。

（2）定价策略与电价的一致性

【规则描述】峰谷标志为"是"，未执行两费率或三费率分时电价。执行两费率或三费率分时电价，是否执行峰谷标志为"否"。基本电费计算方式为"按容量"，电价为"按需量"。基本电费计算方式为"按实际最大需量"或"按合约容量"，电价为"按容量"。

【使用场景】新装、增容、改类、基本电费计费方式变更等流程的上门服务、现场勘查、供电方案拟定等环节。

【提示方式】强制。

（3）定价策略类型校验

【规则描述】改类流程不允许仅调整定价策略（应走定价策略变更流程）；上门服务环节限制不允许仅调整基本电价计费方式（应走基本电价计费方式变更流程）。

【使用场景】改类流程的上门服务环节。

【提示方式】强制。

（4）充换电定价策略类型与用户类型不符

【规则描述】用电类别为城镇居民生活用电，电价选择大工业（充电设施）电价；用电地址包含"充电桩"，电价未选择充电设施电价。

【使用场景】新装、增容、改类、改压、分户、并户流程的上门服务、现场勘查、供电方案拟定等环节。

【提示方式】仅提示。

（5）电价与电能表一致性

【规则描述】计量点执行电价有需量、容量需量电价，其电能表方案必须有最大需量。

【使用场景】新装、增容、改类、暂停恢复流程的上门服务、现场勘查、供电方案拟定等环节。

【提示方式】强制。

（6）临时用电必须执行单一制

【规则描述】临时用电户未执行单一制电价或单一制定价策略。

【使用场景】新装、增容、改类等流程的上门服务、供电方案拟定等环节。

【提示方式】强制。

（7）单一制电价执行错误

【规则描述】用户容量在100kVA以下，执行两部制电价。

【使用场景】新装、增容、改类等流程的上门服务、现场勘查、供电方案拟定等环节。

【提示方式】强制。

（8）单一制计费方式执行电价不符

【规则描述】计费方式为单一制客户，任意计量点未执行单一制电价。

【使用场景】高压新装增容、过户、暂停等流程的上门服务、现场勘查、供电方案拟定等环节。

【提示方式】强制。

（9）基本电价策略和执行电价不匹配

【规则描述】基本电价策略选择了两部制，计算方式选择了按容量（01），执行电价不是按容量；基本电价策略选择了两部制，计算方式选择了按需量（02 03），执行电价不是按需量。

【使用场景】新装、增容、暂停、减容、基本电费计费方式变更流程的受理、上门服务、现场勘查、供电方案拟定等环节。

【提示方式】强制。

（10）两部制计费方式执行电价不符

【规则描述】计费方式为两部制客户，工商业计量点未执行两部制电价。

【使用场景】新装、增容、改类等流程的上门服务、现场勘查、供电方案拟定等环节。

【提示方式】仅提示。

（11）两部制基本电费计算方式异常

【规则描述】当定价策略为两部制，基本电费计算方式不应为"不计算"，剔除用户行业类别为电力生产电力、热力、燃气及水的生产和供应业，充换电服务业，水利管理业，港口岸电。

【使用场景】高压新装、增容、改类等流程的上门服务、现场勘查、供电方案拟定等环节。

【提示方式】仅提示。

（12）需量用户最大需量核定值异常

【规则描述】用户定价策略中基本电费计算方式为按合约最大需量时，最大需量核定值不能小于运行容量的 40%，且不能大于运行容量的 100%，提示"用户定价策略中基本电费计算方式为按合约最大需量时，最大需量核定值不能小于运行容量的 40%，且不能大于运行容量的 100%"。

【使用场景】基本电价计费方式变更流程的营业厅受理环节。

【提示方式】强制。

2. 分类电价执行异常类规则

（1）两部制用户电价执行异常

【规则描述】用电类别为大工业用电，定价策略类型为单一制时（剔除行业分类为水力发电、火力发电、生物质能发电、太阳能发电、热电联产、其他电力生产、核力发电、风力发电，其中电厂生产耗用电量、充换电服务业、污水处理企业用电、海水淡化用电、经营性集中式充换电设施、用电性质为大工业，电价执行为农业生产电价）；用电容量为315kVA以下，定价策略类型为两部制时；定价策略类型为两部制时，用电类别必须为大工业用电。

【使用场景】高压新装增容、改类、减容等流程的上门服务、现场勘查、供电方案拟定等环节。

【提示方式】强制。

（2）315kVA及以上必须执行两部制（新）

【规则描述】容量大于等于315非存量用户，工商业受电点必须执行两部制，容量大于等于315工商业受电点必须执行两部制（添加限制：必须为非临时用电，且非35kV用户）。

【使用场景】高压新装增容、改类、减容等流程的上门服务、现场勘查、供电方案拟定等环节。

【提示方式】强制。

（3）低压用户执行大工业（充电设施）电价

【规则描述】供电电压为220V、380V的用户，电价不能为大工业（充电设施）电价。

【使用场景】低压新装增容流程的上门服务、装表接电环节。

【提示方式】仅提示。

（4）大工业用户未选大工业电价

【规则描述】用户行业分类选择"制造业"及下级，用电类别选择"大工业"，一级计量点对应电价不为"大工业电价"，提示"大工业用户应选大工业电价，请修改"。

【使用场景】高压新装增容、改类等流程的上门服务、供电方案拟定等环节。

【提示方式】强制。

（5）工业用户未选工业电价

【规则描述】用户行业分类为"制造业"及下级，用电类别选择"普通工业"，但一级计量点对应电价不为"一般工商业及其他"时。

【使用场景】高压新装增容、改类、减容等流程的上门服务、现场勘查、供电方案拟定等环节。

【提示方式】强制。

（6）减容恢复用户电价执行错误

【规则描述】若合计运行容量大于等于315kVA且"BO01091/计费方案"中基本电费计算方式为单一制，则在下发时发送提醒。

【使用场景】减容恢复流程的上门服务、验收送电环节。

【提示方式】仅提示。

（7）减容用户电价执行错误用户

【规则描述】"BO01091/ 计费方案"中基本电费计算方式，减容后运行容量在 315kVA 以下的，不能执行两部制电价。

【使用场景】减容流程的上门服务、验收送电

【提示方式】强制。

（8）暂停恢复用户电价执行错误

【规则描述】若"BO01002/ 办电申请记录"中用电类别为大工业用电且合计运行容量大于等于 315kVA、则定价策略类型必须为两部制。

【使用场景】暂停恢复流程的设备启封环节。

【提示方式】强制。

（9）社会困难人群电价校验

【规则描述】用户执行的电价存在非居民电价时，提示"该用户执行电价存在非居民电价，请确认是否继续"。

【使用场景】社会困难人群优惠用电维护流程的线上业务受理、营业厅受理环节。

【提示方式】仅提示。

（10）分布式电源用户电价执行异常

【规则描述】消纳方式为自发自用余电上网和全额上网用户，未设置发电户电价方案中的执行电价。

【使用场景】分布式电源新装增容和改类、减容流程的方案录入、勘查及方案拟定、并网验收环节。

【提示方式】强制。

（11）定比或定量计量点与主计量点执行电价一致

【规则描述】定比或定量计量点与主计量点执行电价一致时，提示"定比或定量计量点与主计量点执行电价不能一致，请修改"。

【使用场景】新装、增容流程的上门服务、供电方案拟定、竣工验收等环节。

【提示方式】强制。

（12）差别电价变更确认

【规则描述】电价新选择带淘汰类、限制类的电价，或原为带淘汰类、限制类的电价现被取消，即差别电价发生新增或取消变更时。

【使用场景】低压非居民新装增容、减容、暂停等流程的上门服务、设备封停、设备启封、验收送电环节。

【提示方式】仅提示。

（13）电价与产品的一致性

【规则描述】非一户多人口用户在居民峰谷电变更时不可以选择一户多人口电价。

【使用场景】居民峰谷电变更流程的营业厅受理环节。

【提示方式】强制。

3. 分时电价执行异常类规则

（1）分时申请信息与电价选择不一致

【规则描述】当用户申请备注为"不开通分时"或"是否执行峰谷标志"为"否"，而电价为两费率或三费率分时电价，提示"用户申请备注信息为'不开通峰谷'，但电价为峰谷电价，请核实"；当用户申请备注为"开通分时"或"是否执行峰谷标志"为"是"，而电价为单费率电价，提示"用户申请开通峰谷，但电价不为分时电价，请核实"。

【使用场景】新装、增容、改类、峰谷电变更流程的线上业务受理、上门服务、供电方案拟定等环节。

【提示方式】仅提示。

（2）分时电价执行错误

【规则描述】用电类别为商业，但电价类别为大工业单费率电价时。（剔除用户执行电价有两个及以上，包含一个及以上已执行分时电价）。

【使用场景】新装、增容、改类、暂停、减容等流程的上门服务、现场勘查、供电方案拟定等环节。

【提示方式】强制。

4. 力率执行异常类规则

（1）充电电价力率考核标准不是0.85

【规则描述】用户电价为"大工业（充电设施）"，功率因数执行考核，但考核标准不是0.85时。

【使用场景】高压新装增容、暂（复）换流程的上门服务、现场勘查、供电方案拟定等环节。

【提示方式】强制。

（2）大工业用户暂停时更改功率因数

【规则描述】用电类别为大工业的用户申请暂停时，现场查勘环节中功率因数考核标准相较于原档案发生变化时，提示"用户暂停时不能修改功率因数考核标准"。

【使用场景】暂停流程的设备封停环节。

【提示方式】强制。

（三）计量方案校验相关规则

计量方案的门禁规则主要有计量点信息、计数器信息、止度信息及其他方面的校验，具体规则如下。

1. 计量点信息校验类规则

（1）并网点下计量点电量计算方式为实抄（共用示数），不需要录入电能表、互感器信息

【规则描述】若满足以上条件，电能表方案和互感器方案不可以存在方案信息，若存在则不能下发流程并显示提示信息"并网点下计量点电量计算方式为实抄（共用示数），不需要录入电能表/互感器信息"。

【使用场景】高压分布式电源新装增容流程的计量计费方案拟定环节。

【提示方式】强制。

（2）安装点用途分类与"是否仅安装终端标志"匹配

【规则描述】安装点用途分类不是分路监控时，"是否仅安装终端标志"不能为"是"。

【使用场景】高压新装增容流程的竣工验收、现场勘查环节。

【提示方式】强制。

（3）电压等级与接线方式设置正确性

【规则描述】①电压等级为110V或者220V时，接线方式不能选择三相三线或者三相四线；②电压等级非110V、220V，接线方式选择单相时；③计量点电压为220V的用户，一级计量点表计是三相四线表时；④计量点电压为380V的用户，一级计量点表计是单相表时；⑤电能表电压和接线方式必须和对应计量点电压和接线方式一致。

【使用场景】新装、增容、改类等流程的上门服务、现场勘查、供电方案拟定、并网验收等环节。

【提示方式】强制。

（4）电压互感器数量大于0

【规则描述】用户计量点电压等级为220V或380V，电压互感器数量不应大于0。

【使用场景】新装、增容、改类、暂停、减容等流程的上门服务、现场勘查、初步供电方案拟定等环节。

【提示方式】强制。

（5）定比定量的计量点，计量点级数为1

【规则描述】当计量点级数为1，但计量方案中的定量定比值不为0（剔除计量方案市场化类型为"市场化直接交易"的用户）时。

【使用场景】低压非居民新装增容、改类流程的上门服务环节。

【提示方式】强制。

（6）定比计量点无上级计量点

【规则描述】用户定比计量点无上级计量点，提示"定比计量点无上级计量点"。

【使用场景】新装、增容、改类流程的上门服务、现场勘查、供电方案拟定、竣工验收环节。

【提示方式】强制。

（7）分布式新装计量点类型和主用途类型选择错误

【规则描述】校验主用途类型，主用途类型不是上网关口或者发电关口。

【使用场景】高压分布式电源新装增容流程的方案录入环节。

【提示方式】强制。

（8）计量点等级大于1的计量点未维护计费关系

【规则描述】计量点等级大于1的计量点未维护计费关系。

【使用场景】低压分布式电源新装增容、分布式电源改类流程的勘查及方案拟定环节。

【提示方式】强制。

（9）计量点电能表关系校验

【规则描述】上网计量点下的电能表与用电户电能表必须一致，且有共享关系。

【使用场景】分布式电源改类流程的勘查及方案拟定环节。

【提示方式】强制。

（10）计量点电压等级、互感器、计量点接线方式不一致

【规则描述】计量点编号电压等级大于380V且小于110kV，且没有组合互感器，且接线方式为三相四线，电流互感器数量不等于3或者电压互感器数量不等于3。

【使用场景】高压新装增容、减容、减容恢复、暂（复）换流程的上门服务、现场勘查、供电方案拟定、竣工验收环节。

【提示方式】强制。

（11）计量点电压与电价电压不一致

【规则描述】用户主供电源与计量点对应电价中的电压不一致时，提示"用户电价电压等级与供电电源不一致，请核实"。

【使用场景】新装增容、减容、减容恢复流程的上门服务、现场勘查、供电方案拟定等环节。

【提示方式】仅提示。

（12）计量点方案正确性

【规则描述】①二级计量点不应和一级计量点执行同一电价；②非实抄或停用拆除的计量点下不能有独立配置安装的电能表；③非1级计量点线损计算方式应该为"不计算"；④电能表的接线方式与对应计量点的接线方式不一致；⑤计量点方案为实抄且不存在电能表；⑥计量点方案为实抄且不存在电能表有功示数类型；⑦计量点方案对应的电价方案不存在或者已拆除；⑧计量点上要求安装终端而用户没有制定终端方案，

需要提示用户制定终端方案；⑨存在电价没有对应的计量点方案。

【使用场景】新装、增容、改类、暂停、减容等流程的上门服务、现场勘查、供电方案拟定等环节。

【提示方式】强制。

（13）计量点分类与主用途不一致

【规则描述】计量点分类为用电客户，主用途类型为非售电侧结算。

【使用场景】新装、增容、改类、暂停、减容等流程的上门服务、现场勘查、供电方案拟定等环节。

【提示方式】强制。

（14）计量点规则校验

【规则描述】①计量点中计量方式为高供高计，接线方式为单相，提示"计量点中计量方式为高供高计，则接线方式不能为单相"；②计量点中计量方式为高供高计，电压等级为380V、220V，提示"计量点中计量方式为高供高计，电压等级不能为380V、220V"；③计量点中计量方式为低供低计，电压等级只能为380V、220V；④计量点中计量方式为低供低计，则接线方式不能为三相三线；⑤计量点中计量方式为高供低计，则接线方式不能为三相三线；⑥非实抄或停用拆除计量点不能有可用的电能表；⑦电能表与该计量点接线方式要一致；⑧定量计量点的线损计算方式只能选择"不计算"；⑨如果对应计量点下存在变更说明为新装、保留的互感器方案，则对应计量下必须制定变更说明为新装、保留的电能表方案；⑩计量点分类为"不是用电客户"，那么主用途类型不能选择售电侧结算；"非1级计量点线损计算方式应该为"不计算"。

【使用场景】分布式电源新装增容和改类、常规电源变更等流程的方案录入、勘查及方案拟定、竣工验收等环节。

【提示方式】强制。

（15）计量点互感器校验

【规则描述】同一计量点下，校验电压电流互感器电压或者电流变比一致。

【使用场景】计量设备失窃处理流程的上门服务、现场勘查环节。

【提示方式】强制。

（16）计量点与互感器的对应关系错误

【规则描述】电量计算方式为非实抄（装表计量）的计量点，不能有可用的互感器方案。

【使用场景】新装、增容、改类、减容等流程的上门服务、现场勘查、供电方案拟定等环节。

【提示方式】强制。

（17）计量点状态与互感器方案不一致

【规则描述】被取消计量点的互感器，无其他计量点共用，没有拆除。

【使用场景】新装、增容、改类、暂停、减容等流程的受理、上门服务、现场勘查等环节。

【提示方式】强制。

（18）计量装置分类错误

【规则描述】计量点计量装置分类为Ⅰ~Ⅲ类，计量点电压不应为220V/380V。

【使用场景】新装、增容、改类、减容等流程的上门服务、现场勘查环节。

【提示方式】强制。

（19）居民峰谷电价不能作为二级计量点

【规则描述】当二级计量点电价为两费率电价时，提示"居民峰谷电价不能作为二级计量点"。

【使用场景】低压新装增容、改类流程的上门服务环节。

【提示方式】仅提示。

（20）实抄（共用示数）的计量点未维护共享类型的计费关系

【规则描述】实抄（共用示数）的计量点必须维护共享类型的计费关系。

【使用场景】低压分布式电源新装增容、分布式电源改类流程的勘查及方案拟定环节。

【提示方式】强制。

（21）市场化用户电价与表计类型关联性校验

【规则描述】大工业电价用户减容变压器实际运行容量达不到315kVA后，永久性减容标志为"是"，执行一般工商业三费率电价，"计量设备装拆"是"未更换工商业复费率表计"。

【使用场景】减容流程的上门服务环节。

【提示方式】强制。

（22）用户执行两费率居民电价（1067，1068）不应该选择工商业表

【规则描述】用户执行两费率居民电价（1067，1068）不应该选择工商业表。

【使用场景】低压居民新装增容、居民峰谷电变更、改类流程的受理、上门服务环节。

【提示方式】仅提示。

（23）余电上网的计量点方案的电量计算方式不允许选择实抄（共用示数）

【规则描述】余电上网的计量点方案的电量计算方式不允许选择实抄（共用示数）。

【使用场景】分布式电源新装增容、分布式电源改类流程的方案录入、勘查及方案拟定环节。

【提示方式】强制。

（24）主用途计量点设置正确性

【规则描述】①当计量点主用途类型为"售电侧结算"，且"是否具备装表条件"为"否"，但电量计算方案为实抄时；②当计量点主用途类型为统购统销关口，但"是否具备装表条件"为"是"时；③当计量点主用途类型为统购统销关口，但电量计算方式不是定量，或定量定比值不是 0 时；④当计量点主用途类型为"售电侧结算"，且电量计算方式选择定比，但定量定比值小于等于 0 或大于等于 1 时；⑤当计量点主用途类型为"售电侧结算"，且电量计算方式选择定量，定量定比值不大于 1 时；⑥当计量点主用途类型为"售电侧结算"，且为一级计量点，但电量计算方式为定比或定量时。

【使用场景】新装、增容、改类、分布式电源新装增容等流程的上门服务、现场勘查、供电方案拟定等环节。

【提示方式】强制。

（25）转供关系正确性

【规则描述】用户"转供标志"不是"无转供"，不存在转供计费关系。

【使用场景】高压新装增容、改类、并户等流程的上门服务、现场勘查、供电方案拟定等环节。

【提示方式】强制。

2. 计数器信息校验类规则

（1）计数器漏选

【规则描述】计量方式为高供高计或低供低计，需要进行功率因数考核，无功电能表示数类型未勾选"Q1"和"Q4"时（剔除用电类别为"居民"的其他用户）；计量方式为高供低计，执行功率因数考核，无功电能表示数类型未勾选"Q1"时（剔除用电类别为"居民"的其他用户）；用电户表计未勾选"有功总"时；三费率电价用户，但未勾选"有功尖"或"有功峰"或"有功谷"时；基本电费计算方式为按实际最大需量或按合约需量的用户，但未勾选"需量"电能表计数器时。

【使用场景】新装、增容、改类、分布式电源新装增容等流程的上门服务、现场勘查、供电方案拟定等环节。

【提示方式】强制。

（2）表计配置错误

【规则描述】用户分类为低压非居民，电价为一般工商业及其他三费率，但计量方案中电能表时段不为"工商业"时。用电类别为居民生活用电、农业生产用电、电能表方案中时段不能为"工商业"，剔除农业生产用电；发电户中发电类型为小水电发电客户，但计量方案电能表时段选择非小水电。用电类别为大工业时，电能表方案中时段应为"大工业";用电类别为一般工商业及其他时,电能表方案中时段不能为"居民";用电类别为居民生活用电,电能表方案中时段不能为"工商业"(该部分规则仅提示)。

【使用场景】新装、增容、改类、分布式电源新装增容等流程的上门服务、现场勘查、供电方案拟定等环节。

【提示方式】强制。

(3)光伏用户计度器类型错误

【规则描述】①消纳方式为自发自用余电上网、计量点主用途类型为发电关口时,若该计量点下的电能表示数类型没有勾选"正向有功(总)",提示"消纳方式为自发自用余电上网时,发电关口表计数类型必须勾选'正向有功(总)'"。②消纳方式为自发自用余电上网、计量点主用途类型为上网关口时,若该计量点下的电能表示数类型没有勾选"反向有功(总)",提示"消纳方式为自发自用余电上网时,上网关口表计示数类型必须勾选'反向有功(总)'"。③消纳方式为全部自用时,计量点主用途类型为发电关口时,若发电关口表计数类型没有勾选"正向有功(总)",提示"消纳方式为全部自用时,发电关口表计数类型必须勾选'正向有功(总)'"。④消纳方式为全额上网且接入方式为接入公共电网,计量点主用途类型为上网关口时,若发电表示数类型没有勾选"反向有功(总)"。

【使用场景】分布式电源新装增容、分布式电源改类、常规电源变更、分布式电源减容环节,方案录入、勘查及方案拟定、并网验收等环节。

【提示方式】强制。

(4)力率考核用户四象限无功计度器配置异常

【规则描述】如果计量点的计量方式为高供低计,选择的电价方案功率因数标准不为"不考核"时,则对应计量点方案电能表示数类型必须包括无功(Q1象限);如果计量点中的计量方式为高供高计,选择的电价方案功率因数标准不为"不考核"时,则对应计量点电能表示数类型必须包含无功(Q1象限)、无功(Q4象限)。

【使用场景】新装、增容、改类、分布式电源新装增容等流程的上门服务、现场勘查、供电方案拟定等环节。

【提示方式】强制。

(5)示数类型异常(通用)

【规则描述】执行两部制电价、基本电费计费方式为实际最大需量或合约最大需量的用户,表计示数类型无"最大需量"。

【使用场景】高压新装增容、改类、高压分布式电源新装增容等流程的上门服务、现场勘查、供电方案拟定等环节。

【提示方式】强制。

（6）售电侧结算类型的实抄计量点的电能表未勾选总计度器

【规则描述】校验计量点主用途类型为售电侧结算的计量点下面的电能表方案要有有功（总）示数类型。

【使用场景】新装增容、改类、低压分布式电源新装增容等流程的上门服务、现场勘查、供电方案拟定等环节。

【提示方式】强制。

（7）执行电价与计度器不匹配

【规则描述】电价为两费率电价时，电能表方案的示数类型必须勾选总、谷计度器；电价为三费率时，电能表方案的示数类型方式必须勾选尖、峰、谷计度器；电价为两费率，电能表方案的示数方式不能勾选尖、平计度器；电价为三费率，电能表方案的示数类型不能勾选平计度器，提示"电价为三费率，电能表方案的示数类型不能勾选平计度器"；若基本电费计算方式为合约最大需量或实际最大需量，则电能表方案的示数类型必须勾选需量计度器，提示"基本电费计算方式为合约最大需量或实际最大需量，则电能表方案的示数类型必须勾选需量计度器"。

【使用场景】新装增容、改类、减容、减容恢复等流程的上门服务、现场勘查、供电方案拟定等环节。

【提示方式】强制。

（8）执行需量电价未勾选需量计度器

【规则描述】执行需量电价未勾选需量计度器。

【使用场景】高压新装增容、改类、低压分布式电源新装增容等流程的上门服务、现场勘查、供电方案拟定等环节。

【提示方式】强制。

3. 止度信息校验类规则

（1）本次拆（换）表抄见电量超过上个抄表周期电量的130%

【规则描述】校验本次拆（换）表抄见电量和上个抄表周期电量，若本次拆（换）表抄见电量超过上个抄表周期电量的130%，则界面弹窗提醒。

【使用场景】计量设备更换、运行质量抽检流程的装拆调试环节。

【提示方式】仅提示。

（2）付费率表尖峰谷电量大于总电量

【规则描述】校验拆表总电量、尖时段电量、峰时段电量、谷时段电量。若尖、峰、谷电量之和大于总电量。

【使用场景】计量设备更换、运行质量抽检流程的装拆调试环节。

【提示方式】仅提示。

（3）录入示数大于表位数

【规则描述】校验表位数和录入示数，不允许录入示数超过表位数。若录入示数大于表位数。

【使用场景】计量设备更换、运行质量抽检、异常处理、过户、低压居民新装增容流程的装拆调试、现场特抄、装表接电环节。

【提示方式】仅提示。

4. 计量方案其他信息校验类规则

（1）低压类新装流程中低压计量箱方案缺失

【规则描述】电量计算方式为"实抄（装表计量）"，缺失计量箱方案。

【使用场景】低压批量新装、低压非居民新装增容流程的上门服务、竣工验收环节。

【提示方式】仅提示。

（2）电能表库存超期

【规则描述】当前日期减去电能表的"最近检定日期"大于730天时，如为手工配表，则提示"该电能表库存超730天，复检合格后方可使用"。当前日期减去电能表的"最近检定日期"大于180天时，必须完成功能检查操作且检查结果为"合格"才可以配置。

【使用场景】计量设备更换、运行质量抽检流程的配置出库环节。

【提示方式】强制。

（3）分路监控临时限制

【规则描述】计量点分路监控未开发完，先做选择限制。

【使用场景】高压新装增容、改类流程的上门服务、现场勘查、竣工验收环节。

【提示方式】强制。

（4）关口投运前管理

【规则描述】关口流程发起保存时校验，已有共用关系的用户或关口计量点在做变更电能表或互感器方案的时候，一侧有在途工单，另一侧不允许变更共用表计（电能表，互感器）方案。

【使用场景】变电站关口管理流程的变电站关口配置环节。

【提示方式】强制。

（5）配置环节功能校验

【规则描述】计量点性质为"结算"，那么主用途类型不能选择"台区供电考核""线路供电考核""指标分析"其中之一。计量点分类为"非用电客户"，主用途类型不能选择"售电侧结算"。

【使用场景】计量设备更换、运行质量抽检流程的方案配置环节。

【提示方式】强制。

（6）周期轮换流程发起校验

【规则描述】计量设备更换添加明细，校验所选明细的用户是不是同一个单位（该部分仅提示）。计量设备更换，高压用户只允许派1户。

【使用场景】计量设备更换流程的任务拟定派工环节。

【提示方式】强制。

（7）装拆调试触点

【规则描述】装拆调试触点增加。

【使用场景】异常处理流程的装拆调试环节。

【提示方式】强制。

（四）电源方案校验相关规则

（1）供电电源方案正确性

【规则描述】不存在非拆除的供电电源方案时；主供电源的供电容量之和大于合同容量时；用户只有一个台区，变压器的运行状态不为"拆除"，但变压器的主备性质为冷备时；高压用户存在多个不同的电源但选择同一条线路时。

【使用场景】新装增容、分布式电源新装增容、分布式电源改类、减容等流程的上门服务、现场勘查、供电方案拟定等环节。

【提示方式】强制。

（2）接入方案校验

【规则描述】单个公共连接点"接入容量"不超过"核定容量"，提示"单个公共连接点'接入容量'不超过'核定容量'；单个并网点'并网点容量'不超过'核定容量'"。

【使用场景】自备电厂新装流程的方案录入环节。

【提示方式】强制。

（3）受电点方案正确性

【规则描述】每个受电点都必须有电源性质为"主供电源"的电源方案。

【使用场景】新装增容、减容恢复、分户等流程的上门服务、现场勘查、供电方案拟定等环节。

【提示方式】强制。

（4）公变信息维护准确性

【规则描述】"BO01222/供电电源"中电源性质为公用时，"BO01145/受电点"中的受电点类型不为空。

【使用场景】低压批量新装流程的上门服务环节。

【提示方式】仅提示。

（5）不同受电点下的电源不允许在同一台区

【规则描述】该校验规则为强制性的校验规则，由规则引擎配置，在业务人员点击"电源点保存"的时候触发规则引擎校验，如果不同受电点的电源存在同一个台区下时，提示业务人员"不同受电点下的电源需要在不同的台区，请做相应的调整"。

【使用场景】高压新装增容、减容、分户流程的上门服务、现场勘查环节。

【提示方式】强制。

（6）低压批量新装用户台区信息不一致

【规则描述】低压批量新装用户台区信息不一致。

【使用场景】低压批量新装流程的上门服务环节。

【提示方式】强制。

（7）业扩流程进线方式和产权分界点不对应

【规则描述】进线方式为"电缆直埋"，若产权分界点不为"变电站、开闭所、环网柜、分支箱出线开关下桩头"。

【使用场景】新装增容、减容、减容恢复、改压等流程的上门服务、现场勘查、供电方案拟定等环节。

【提示方式】仅提示。

（五）受电设备校验相关规则

（1）受电设备容量校验

【规则描述】核定合同容量要与非拆除的受电设备铭牌容量之和一致。核定运行容量须等于运行的专变变压器的铭牌容量之和一致。

【使用场景】高压新装增容、减容、暂（复）换 流程的上门业务受理、上门服务、现场勘查环节。

【提示方式】强制。

（2）送停电时间正确性

【规则描述】受电设备的实际启用日期小于送电日期时。

【使用场景】低压批量新装、暂停恢复、公用电厂新装等流程的设备启封、送电、装表接电环节。

【提示方式】强制。

（3）变压器设备状态异常

【规则描述】受电设备运行状态为"运行"，但主备性质为"冷备"时。

【使用场景】高压新装增容、公用电厂新装、减容、减容恢复流程的上门服务、现场勘查、供电方案拟定等环节。

【提示方式】强制。

（4）变更说明为拆除、停用、减容的变压器，实际停用日期未填写

【规则描述】变更说明为拆除、停用、减容的变压器，实际停用日期未填写。

【使用场景】暂停、减容流程的设备封停、验收送电环节。

【提示方式】仅提示。

（5）变压器运行状态为停用拆除实际停用日期不能为空

【规则描述】变压器运行状态为停用拆除实际停用日期不能为空。

【使用场景】改压流程的竣工验收环节。

【提示方式】强制。

（6）变损执行异常

【规则描述】发电户和关联用电户新增计量方案计量点的计量方式为高供低计，但计量方案的变损分摊标志或变损计费标志为"否"时。发电户和关联用电户新增计量方案计量点的计量方式为高供高计，但计量方案的变损分摊标志或变损计费标志为"是"时。计量方案的计量方式为高供低计，且计量方案的变损分摊标志或变损计费标志为"否"时。计量方案的计量方式为高供高计，且计量方案的变损分摊标志、变损计费标志为"是"时。发电户和关联用电户新增计量方案计量点的计量方式为高供低计，但计量方案的变损分摊标志或变损计费标志为"否"时。计量方案的计量方式为高供低计，且受电设备信息变压器的变损算法标志不为以下任意一个值时：按定比、按定量、按标准公式、按标准表、按铜铁损公式。

【使用场景】高压新装增容、分布式电源新装增容、分布式电源改类、公用电厂新装等流程的上门服务、现场勘查、供电方案拟定等环节。

【提示方式】强制。

（7）变压器变损计算不为公式法且变损编号与设备容量不一致

【规则描述】计量方式为高供低计的计量点对应的受电设备其变损计算方式不为公式法，且变损编号与设备容量不一致（即校验变损编号），提示"变压器变损计算不为公式法且变损编号与设备容量不一致"。

【使用场景】高压新装增容、公用电厂新装、减容、减容恢复流程的上门服务、竣工验收、验收送电环节。

【提示方式】仅提示。

（8）高供低计用户运行变压器变损计算方式为"不计算"

【规则描述】计量方式为高供低计，变压器状态为"运行"的用户，变损计算方式为"不计算"时，提示"高供低计用户运行变压器变损计算方式不能为'不计算'，请修改"。

【使用场景】高压新装增容、减容、减容恢复流程的上门服务、现场勘查、供电方案拟定等环节。

【提示方式】强制。

（9）线损值合理性

【规则描述】线损计费标志为"是"，有功线损计算值不在（-0.1,0）（0,0.1）时，提示"线损率值不在（-0.1,0）（0,0.1）常规区间，请确认"。

【使用场景】高压新装增容、改类、减容、减容恢复流程的上门服务、现场勘查、供电方案拟定等环节。

【提示方式】仅提示。

（10）用户线损计算异常

【规则描述】计量点方案中的线损计费标志或线损分摊标志为"否"，但有功线损计算值不为0或空时；计量点方案中的线损计费标准为"是"，但有功线损计算值为0时；计量方案的线损计费标志为"是"，但计量方案的有功线损计算值为0时；电源方案的电源类型为"专线"，且计量方案的计量点所属侧为"用户侧""高压侧""低压侧"，但计量方案的线损计费标志为"否"时；电源方案的电源类型为"专变"，但计量方案的线损计费标志为"是"时。

【使用场景】分布式电源新装增容、改类、减容等流程的上门服务、现场勘查、供电方案拟定等环节。

【提示方式】强制。

（六）采集方案校验相关规则

（1）采集点规则校验

【规则描述】在发送时校验一个采集方案必须对应一个新增或保留的采集终端；电能表状态为新增、保留、变更时，应增加校验："下级采集对象关系方案"必须维护后，流程才可发送；电能表对应计量点是否安装负控为"否"，请删除对应采集对象关系；"电能表对应计量点是否安装负控"为"否"，请删除对应采集对象关系；电能表对应计量点是否安装负控为"是"，请维护对应采集对象关系。

【使用场景】低压批量新装流程的上门服务环节。

【提示方式】强制。

（2）采集终端保存校验

【规则描述】计量方案主用途类型为分路监控时，是否仅安装终端才能选择"是"。

【使用场景】高压分布式电源新装增容、改类流程的上门服务、现场勘查环节。

【提示方式】强制。

（3）采集终端发送校验分路监控

【规则描述】①当onlyTrmlFlag为"是"时，为分路监测终端；必须挂接分路监测计量点，且计量点中必须有导轨表方案。②当onlyTrmlFlag为"否"时，为分路监测终端；必须挂接分路监测计量点；且计量点为空。

【使用场景】高压新装增容、改类流程的上门服务、现场勘查环节。

【提示方式】强制。

（七）合同方案校验相关规则

（1）供用电合同签订不规范

【规则描述】供用电合同版本类型应与用户类型一致，提示"供用电合同类型应与用户类型一致，请修改"。

【使用场景】新装增容、过户、公用电厂新装、减容等流程的上门服务、合同起草、合同签订等环节。

【提示方式】强制。

（2）合同签订判断装拆是否结束

【规则描述】合同签订判断装拆是否结束。

【使用场景】过户流程的合同签订环节。

【提示方式】强制。

（八）业务规范校验相关规则

（1）当用户调整为两部制时提示不可改回单一制

【规则描述】该校验为弱提示校验规则由规则引擎提供，当业务人员保存定价策略方案时，规则引擎判断是否为存量用户从单一制调整为两部制，若符合条件则提示业务人员"该用户为存量单一制用户，当定价策略调整为两部制则无法改回单一制，请告知用户。

【使用场景】高压新装增容、改类、分户、并户、过户流程的上门服务、现场勘查、勘查及合同起草环节。

【提示方式】仅提示。

（2）改类不允许修改为一户多人口电价

【规则描述】改类不允许修改为一户多人口电价。

【使用场景】改类流程的上门服务环节。

【提示方式】强制。

（3）受电设备暂停恢复规则

【规则描述】受电设备运行状态为"停用"，且通过暂停流程停用时才能发起暂停恢复流程。

【使用场景】暂停恢复流程的营业厅受理、线上受理环节。

【提示方式】强制。

（4）业务费收取不规范

【规则描述】业务类型为"高压新装增容"且需求类型为高压新装、高压装表临时用电，且接入方案中电源数目为"2条及以上"，但业务费确定中不存在收费类别为高可靠性供电费用记录时；业务类型为"高压新装增容"且需求类型为高压增容，且接入方案中电源数目由"1条"变为"2条及以上"，但业务费确定中不存在收费类别为高可靠性供电费用记录时；业务类型为"低压非居新装增容"且需求类型为低压非居民新装，且接入方案中电源数目为"2条及以上"，但业务费确定中不存在收费类别为高可靠性供电费用记录时；业务类型为"低压非居新装增容"且需求类型为低压非居民增容，且接入方案中电源数目由"1条"变为"2条及以上"，但业务费确定中不存在收费类别为高可靠性供电费用记录时；接入方案中关联用户供电电源数目为"2条及以上"，但业务费确定中不存在收费类别为高可靠性供电费用记录时。

【使用场景】高压新装增容、低压非居民新装增容、公用电厂新装流程的上门服务、现场勘查、供电方案拟定等环节。

【提示方式】强制。

五、省侧门禁规则介绍

（一）用户信息校验相关规则

用户信息主要从基础信息、开票信息、用电分类几个方面进行校验，主要规则如下。

1. 省侧基础信息校验类规则

（1）用户名称异常

【规则描述】业务受理申请用户名称与身份信息不一致，弹窗提醒"用电人户名与用电人信息不一致，请核实"。

【使用场景】低压居民、低压非居、高压新装增容流程的营业厅受理环节。

【提示方式】仅提示。

（2）城乡类别异常

【规则描述】业务受理城乡类别与地址库内社区城乡类别不一致，弹窗提醒"城乡类别与实际不符，请核实"。

【使用场景】低压居民、低压非居、高压新装增容流程的营业厅受理环节。

【提示方式】仅提示。

（3）联系人手机号异常

【规则描述】业务受理登记用户手机号码时录入的手机号时数值类型，但有效位数不为11位，弹窗提醒"手机号格式不正确"。

【使用场景】低压居民、低压非居、高压新装增容流程的营业厅受理环节。

【提示方式】仅提示。

（4）统一社会信用代码异常

【规则描述】用户受理统一社会信用代码长度不是 15 位或 18 位，弹窗提醒"请输入正确的统一社会信用代码"。

【使用场景】低压居民、低压非居、高压新装增容流程的营业厅受理环节。

【提示方式】仅提示。

2. 省侧开票信息校验类规则

主要规则：用电户名与增值税信息户名不一致

【规则描述】业务受理申请信息中票据类型为增值税专用发票，但用电户名与增值税信息户名不一致时，弹窗提醒"用电户名与增值税信息户名不一致，请核实"。

【使用场景】低压非居民新装增容、高压新装增容、减容、改压、过户、更名、基本电价计费方式变更等流程的营业厅受理、线上业务受理环节。

【提示方式】强制。

3. 省侧用电分类校验类规则

（1）农业电价与行业分类疑似不符

【规则描述】用户电价为农业生产电价，但行业分类不是"农业""林业""渔业""畜牧业"等及其子类时，提示"农业生产电价与行业分类疑似不符，请核实"。

【使用场景】高压新装增容流程的现场勘查环节。

【提示方式】仅提示。

（2）大工业用户暂停时更改用电类别

【规则描述】用电类别为大工业用电的用户申请暂停时，现场查勘环节中用电类别相较于原档案发生变化时，提示"大工业用户暂停时不能修改用电类别"。

【使用场景】暂停流程的设备封停环节。

【提示方式】强制。

（3）行业分类与用户主电价行业分类不一致

【规则描述】用户一级计量点的电价行业分类未包含用户行业分类时，提示"用户行业分类与用户主电价行业分类应一致，请修改"。

【使用场景】新装增容、改类流程的上门服务、现场勘查、供电方案拟定等环节。

【提示方式】仅提示。

（二）计费方案校验类规则

计费方案主要从定价策略、分类电价、分时电价和力率四个方面进行校验，主要规则如下。

1. 省侧定价策略校验类规则

（1）用电类别不是大工业的用户，定价策略必须是单一制

【规则描述】用电类别不是大工业的用户，定价策略必须是单一制。

【使用场景】减容、减容恢复、暂停、暂停恢复、高压新装增容、改类流程的上门服务、现场勘查、供电方案拟定等环节。

【提示方式】强制。

（2）容量、需量电价调整校验

【规则描述】定价策略类型是两部制，不允许调整电价从容量调整到需量；定价策略类型是两部制，不允许调整电价从需量调整至容量。

【使用场景】减容、减容恢复、暂停、暂停恢复流程的上门服务、设备封停、设备启封环节。

【提示方式】强制。

（3）基本电价策略和执行电价不匹配

【规则描述】基本电价策略和执行电价不匹配，低压用户不应执行两部制的定价策略。

【使用场景】低压非居民新装增容、低压居民新装增容流程的上门服务设备启封环节。

【提示方式】强制。

2. 省侧分类电价校验类规则

（1）非充电桩用户电价校验

【规则描述】"是否充电桩"为"否"，不允许选择充电桩电价。

【使用场景】低压非居民新装增容、高压新装增容、改类流程的上门服务、现场勘查、供电方案拟定环节。

【提示方式】强制。

（2）"充电桩用户标识"电价校验

【规则描述】"充电桩用户标识"选"是"，当一级计量点电价是"一户一表"时，提示"充电桩用户标识选'是'，但电价未选择充电设施电价，请核实"。

【使用场景】低压非居民新装增容、改类流程的上门服务、装表接电环节。

【提示方式】仅提示。

（3）差别电价变更确认

【规则描述】在处理除了改类的其他有"查勘环节"的业务流程时，如果新选择带淘汰类、限制类的电价，或原为带淘汰类、限制类的电价现被取消，即差别电价发生新增或取消变更时，提示"请核实差别电价是否新增或变更"。

【使用场景】低压批量新装、减容恢复流程的上门服务环节。

【提示方式】仅提示。

（4）一户多人口电价校验

【规则描述】①一户多人口优惠有效期内的居民用户，电价未选择有一户多人口前缀的，提示"一户多人口优惠期内，未选择一户多人口电价，请修改"；②非一户多人口优惠用户，电价选择含一户多人口前缀的，提示"非一户多人口优惠用户，不能选择一户多人口电价，请修改"；③一户多人口优惠有效期内、人口数为5或6的居民用户，电价选择"一户多人口居民合表电价"，提示"7人以下不能选择一户多人口居民合表电价，请修改"。

【使用场景】改类流程的上门服务

【提示方式】仅提示。

（5）小水电用户电价校验

【规则描述】小水电用户并网点下的非拆除计量点执行电价码必须为9999。

【使用场景】常规电源变更、公用电厂新装流程的勘查及方案录入、方案录入环节。

【提示方式】仅提示。

（6）合表电价关键字校验电价

【规则描述】用户户名中含"酒店""饭店""旅馆""市场""中介""百货""宾馆""商场""商店""医院""寺""医疗站""卫生院"等明显非合表电价关键词，当一级计量点对应电价选择居民合表电价时，提示"户名中含非合表关键词，电价执行居民合表电价，请核实"；用户户名中含"幼儿园""小学""中学""学校""学院""初中""高中""敬老院""宿舍"等明显合表电价关键词，剔除用电类别为临时用电客户，当一级计量点对应电价选择未包含居民合表电价时，提示"户名中含合表关键词，电价未执行居民合表电价，请核实"。

【使用场景】低压非居民新装增容、高压新装增容流程的上门服务、现场勘查、装表接电等环节。

【提示方式】仅提示。

3. 省侧分时电价校验类规则

（1）大工业电价未执行分时

【规则描述】运行容量315kVA及以上、用电类别为大工业用电，剔除行业分类为"自来水生产和供应""污水处理及其再生利用""电气化铁路"的用户，其大工业电价计量点峰谷标志为"否"时，提示"大工业电价用户未执行分时电价，请修改"。

【使用场景】高压新装增容、减容、减容恢复、暂停、暂停恢复、暂（复）换流程的上门服务、现场勘查、供电方案拟定等。

【提示方式】强制。

（2）根据分时电价标志校验执行电价是否应为单费率

【规则描述】是否分时电价标志为"是"，执行电价不应为单费率；是否分时电价标志为"否"，执行电价应为单费率。

【使用场景】新装增容、改类、减容、暂停、暂停恢复等流程的上门服务、现场勘查、供电方案拟定等环节。

【提示方式】强制。

（3）分时申请信息与电价选择不一致

【规则描述】①用户申请备注为"开通分时"或"是否执行峰谷标志"为"是"，但电价为单费率电价时；②用户申请备注为"不开通分时"或"是否执行峰谷标志"为"否"，但电价为两费率或三费率分时电价时。

【使用场景】低压居民新装增容、低压非居民新装增容、低压批量新装流程的上门服务、装表接电环节。

【提示方式】仅提示。

4. 省侧力率校验类规则

（1）同一用户存在多种力率考核标准

【规则描述】同一个用户不同计量点之间力率考核标准不同时，剔除关口电价计量点，提示"同一用户只能有一种力率考核标准"。

【使用场景】高压新装增容、低压非居民新装增容、低压居民新装增容、改类流程的上门服务、现场勘查、供电方案拟定环节。

【提示方式】仅提示。

（2）大工业用户暂停时更改功率因数

【规则描述】用电类别为大工业的用户申请暂停时，现场查勘环节中功率因数考核标准相较于原档案发生变化时，提示"用户暂停时不能修改功率因数考核标准"。

【使用场景】暂停流程的设备封停环节。

【提示方式】强制。

（3）非临时用户容量大于100kVA时，功率因数考核方式不能选择"不考核"

【规则描述】非临时用户容量大于100kVA时，功率因数考核方式不能选择"不考核"。

【使用场景】高压新装增容流程的供电方案拟定、竣工验收环节。

【提示方式】强制。

（4）暂换用户力率考核标准与原容量不匹配

【规则描述】有暂换标识的用户，其力率考核标准与原容量考核标准不匹配时，提示"暂换用户力率考核标准应与原容量一致，请修改"。

【使用场景】暂（复）换流程的上门服务环节。

【提示方式】强制。

（5）功率因数考核标准设置不符

【规则描述】①合同容量大于160kVA、电压等级为10kV及以上、用电类别为"大工业"或"普通工业"的用户，"是否临时用电"标识为"非临时用电"，其力率考核标准默认为0.90，业务人员如人为修改考核标准时，提示"160kVA以上高压工业用户力率考核标准应为0.90，请修改"。②合同容量为100kVA及以上且小于或等于160kVA、电压等级为10kV及以上，是否临时用电标识为"否"，用电类别为"普通工业"的用户，其力率考核标准默认为0.85，业务人员如人为修改考核标准时，提示"100~160kVA工业用户力率考核标准应为0.85，请修改"。③合同容量为100kVA及以上、电压等级为10kV及以上，用电类别为"商业""非工业"或"居民"，是否临时用电标识为"非临时用电"的用户，其力率考核标准默认为0.85，业务人员如人为修改考核标准时，提示"100kVA及以上高压商业、非工业或居民用户力率考核标准应为0.85，请修改"。④合同容量为100kVA及以上，用电类别为"农业生产"或"农业排灌"的用户，其力率考核标准默认为0.80，业务人员如人为修改考核标准时，提示"100kVA及以上农业用户力率考核标准应为0.80，请修改"。⑤合同容量为100kW及以上、电压等级为220V或380V的用户，剔除农业、趸售用户，其力率考核标准默认为0.85，业务人员如人为修改考核标准时，提示"100kW及以上低压用户力率考核标准应为0.85，请修改"。⑥合同容量为100kW以下的用户，其力率考核标准默认为"不考核"，业务人员如人为修改考核标准时，提示"100kW以下用户力率考核标准应为'不考核'，请修改"。⑦是否临时用电标识为"装表临时用电"或"无表临时用电"的用户，其力率考核标准默认为"不考核"，业务人员如人为修改考核标准时，提示"临时用电用户不执行力调考核，请修改"。以上全部剔除自备电厂。使用有载调压变压器（变压器型号含Z）、电压等级为10kV及以上，是否临时用电标识为"非临时用电"的用户，其力率考核标准默认为0.90，业务人员如人为修改考核标准时，提示"高压有载调压变压器用户力率考核标准应为0.90，请确认变压器是否为有载调压变压器且力率考核标准是否准确"。

【使用场景】低压非居民新装增容、低压居民新装增容、高压新装增容、自备电厂新装、低压分布式新装、高压分布式新装、暂停恢复流程的上门服务、现场勘查、供电方案拟定等环节。

【提示方式】仅提示。

（三）计量方案校验相关规则

计量方案主要从计量点、电能表、示数三个方面进行校验，主要规则如下。

1. 省侧计量点信息校验类规则

（1）全额上网用户的实抄（共享示数）计量点非当前发电户

【规则描述】全额上网用户的实抄（共享示数）计量点的计费关系非当前发电户。

【使用场景】低压分布式电源新装增容流程的勘查及方案拟定环节。

【提示方式】强制。

（2）定量用户计量点定量值小于1

【规则描述】定量用户计量点定量值小于1。

【使用场景】新装增容、改类、分布式电源新装增容、分布式电源改类流程的上门服务、勘查及方案拟定、方案录入环节。

【提示方式】仅提示。

（3）参考表设备个数（虚拟倍率）发生变更

【规则描述】非新装流程中，用户的参考表设备个数相较于原档案参考表设备个数发生变化，提示"参考表设备个数（虚拟倍率）发生变更，请确认"。

【使用场景】改类流程的上门服务环节。

【提示方式】仅提示。

（4）计量点等级大于1的计量点未维护计费关系

【规则描述】计量点等级大于1的计量点未维护计费关系。

【使用场景】新装增容、改类、分布式电源新装增容、分布式电源改类流程的上门服务、勘查及方案拟定、方案录入等环节。

【提示方式】强制。

（5）定量、定比计量点无上级计量点

【规则描述】用户定比计量点无上级计量点，提示"定比计量点无上级计量点"；用户定量计量点无上级计量点，提示"定量计量点无上级计量点"。

【使用场景】新装增容、改类流程的上门服务、现场查勘、供电方案拟定等环节。

【提示方式】仅提示。

（6）计量点装置分类为I~III类，计量点电压不应为220V/380V

【规则描述】计量点装置分类为I~III类，计量点电压不应为220V/380V。

【使用场景】新装增容、改类、分布式电源新装增容、分布式电源改类、减容等流程的上门服务、方案录入环节。

【提示方式】仅提示。

（7）高供高计计量点的变压器变损计算方式要选择"不计算"

【规则描述】高供高计计量点的变压器变损计算方式要选择"不计算"。

【使用场景】高压新装增容、减容流程的竣工验收、验收送电环节。

【提示方式】强制。

（8）高供低计用户运行变压器变损计算方式为"不计算"

【规则描述】高供低计用户运行变压器变损计算方式为"不计算"。

【使用场景】减容、减容恢复流程的上门服务、验收送电环节。

【提示方式】强制。

（9）主用途计量点设置正确性

【规则描述】当计量点主用途类型为售电侧结算，且电量计算方式选择定比，但定量定比值小于等于0或大于等于1时，提示"计量点主用途类型为售电侧结算，且电量计算方式选择定比，定量定比值应大于0小于1"。

【使用场景】新装增容、改类、分布式电源新装增容上门服务、勘查及方案拟定、方案录入等环节。

【提示方式】强制。

2. 省侧电能表信息校验类规则

（1）非实抄的计量点不能存在非拆除的电能表方案

【规则描述】非实抄的计量点不能存在非拆除的电能表方案。

【使用场景】新装增容、改类、分布式电源改类流程的上门服务、勘查及方案拟定、方案录入、供电方案拟定环节。

【提示方式】强制。

（2）参考表校验

【规则描述】新装流程中，若用户有参考表设备个数（虚拟倍率），提示"有参考表设备个数（虚拟倍率），请确认"。非新装流程中，用户的参考表设备个数相较于原档案参考表设备个数发生变化，提示"参考表设备个数（虚拟倍率）发生变更，请确认"。非新装流程中，用户原档案参考表但现在已无参考表，提示"参考表取消，请确认"。若用户有参考表，提示"有参考表的用户，请确认"。

【使用场景】虚拟倍率标准户新装、改类流程的上门服务环节。

【提示方式】仅提示。

（3）表计类型与居民分时电价不匹配换表提示

【规则描述】表计类型为非居表、用户分类为居民的用户，当"是否选择分时电价"为"是"时，若未配置换表方案，提示"用户表计类型与居民分时电价不匹配，请换表"。

【使用场景】低压新装增容、改类、低压分布式电源新装增容、流程的上门服务、勘查及方案拟定环节。

【提示方式】仅提示。

（4）分时电价用户表计类型选择

【规则描述】执行大工业电价的用户配置表计类型为一般工商业表计或执行一般工商业电价的用户配置表计类型为大工业表计时，提示"当前保存电能表时段与计量点默认时段不符，请确认"。

【使用场景】新装增容、分布式电源新装增容流程的上门服务、现场查勘、供电方案拟定等环节。

【提示方式】仅提示。

3. 省侧示数信息校验类规则

（1）执行居民两费率电价表计校验

【规则描述】执行居民两费率电价，表计应包含有功总和有功谷示数。

【使用场景】低压批量新装流程的上门服务环节。

【提示方式】强制。

（2）售电侧结算类型的实抄计量点的电能表未勾选总计度器

【规则描述】售电侧结算类型的实抄计量点的电能表未勾选总计度器。

【使用场景】高压新装增容流程的现场勘查环节。

【提示方式】强制。

（四）电源方案校验相关规则

电源方案主要从供电电源、受电点两个方面进行校验，主要规则如下。

1. 省侧供电电源信息校验类规则

（1）供电电源相数异常

【规则描述】用户用电信息供电电源相数未填写，该选项为必选项。

【使用场景】新装增容、分布式电源新装增容流程的上门服务、现场查勘、供电方案拟定等环节。

【提示方式】强制。

（2）多电源信息校验

【规则描述】①多电源，切换方式、联锁装置位置、联络方式不能为空；②受电点方案有自备电源时，自备电源闭锁方式不能为空；③受电点方案有自备电源，自备电源设备运行档案不能为空。

【使用场景】高压新装增容流程的现场勘查、供电方案拟定环节。

【提示方式】强制。

（3）供电电源进线点异常

【规则描述】用户用电信息供电电源进线点未填写，该选项为必选项。

【使用场景】新装增容、分布式电源新装增容流程的上门服务、现场查勘、供电方案拟定等环节。

【提示方式】强制。

2. 省侧受电点信息校验类规则

（1）产权分界点异常

【规则描述】用户用电信息产权分界点未填写，该选项为必选项，提示"请填写"。

【使用场景】新装增容、分布式电源新装增容流程的上门服务、现场查勘、供电方案拟定等。

【提示方式】强制。

（2）受电点方案内电源数目与实际电源个数不匹配

【规则描述】受电点方案内电源数目与实际电源个数不匹配。

【使用场景】高压新装增容、过户、销户流程的受理、现场勘查、勘查及合同起草等环节。

【提示方式】强制。

（五）受电设备方案校验相关规则

受电设备方案主要从变压器信息、铜铁损及线损、停送电时间三个方面进行校验，主要规则如下。

1. 省侧变压器信息校验类规则

（1）新装用户变压器不能停用

【规则描述】新装用户变压器，主供变压器运行状态为"停用"，提示"新装用户变压器，主供变压器不能为停用状态，请修改"。

【使用场景】高压新装增容流程的供电方案拟定、现场勘查环节。

【提示方式】仅提示。

（2）变压器运行容量校验

【规则描述】①用户运行容量与电源供电容量之和应相等；②用户运行容量与运行变压器容量之和应相等。

【使用场景】高压新装增容、暂停、减容等流程的上门服务、竣工验收、供电方案拟定等环节。

【提示方式】强制。

（3）变压器合同容量校验

【规则描述】合同容量与运行容量应相等。合计运行容量与合同容量不一致，弹窗提醒"申请合同容量与申请容量不一致，是否发起工单"。

【使用场景】新装增容流程的受理、供电方案拟定等环节。

【提示方式】强制。

2. 省侧铜铁损及线损信息校验类规则

（1）线损值合理性

【规则描述】线损计费标志为"是"，有功线损计算值不在（-0.1，0）（0，0.1）时，提示"线损率值不在（-0.1，0）（0，0.1）常规区间，请确认"。

【使用场景】高压新装增容、改类、减容、减容恢复流程的上门服务、竣工验收、供电方案拟定等环节。

【提示方式】仅提示。

（2）变压器变损计算方式校验

【规则描述】高供高计计量点的变压器变损计算方式要选择"不计算"。计量方式为高供低计，变压器状态为"运行"的用户，变损计算方式为"不计算"时，提示"高供低计用户运行变压器变损计算方式不能为'不计算'，请修改"。

【使用场景】高压新装增容、减容、减容恢复流程的上门服务、竣工验收、验收送电环节。

【提示方式】强制。

3. 省侧停送电时间校验类规则

（1）需量用户部分暂停、暂停恢复时间校验

【规则描述】①按需量计算基本电费用户，如果是部分暂停，实际停用时间必须选择抄表例日当天（全部暂停除外）；②按需量计算基本电费用户，如果是部分暂停恢复，实际启用时间必须选择抄表例日当天（全部暂停恢复除外）。

【使用场景】暂停、暂停恢复流程的设备启封、设备封停环节。

【提示方式】强制。

（2）停送电日期校验

【规则描述】①变更说明为拆除、停用、减容的变压器，实际停用日期未填写；②停送电日期只能选择当天或者前一天；③停送电日期与受电设备停启用日期必须保持一致。

【使用场景】高压新装增容、低压非居民新装增容、暂停、暂停恢复、减容、减容恢复流程的验收送电、装表接电、送电等环节。

【提示方式】强制。

（六）业务规范校验相关规则

1. 省侧业务规范校验类规则

（1）容量、需量电价调整校验

【规则描述】①定价策略类型是两部制，不允许调整电价从容量调整到需量；②定价策略类型是两部制，不允许调整电价从需量调整至容量。

【使用场景】改类、暂停、暂停恢复、减容、减容恢复流程的上门服务、设备启封、设备封停环节。

【提示方式】强制。

（2）校验"是否符合129号文"是否为空

【规则描述】校验"是否符合129号文"是否为空。

【使用场景】高压新装增容流程的竣工验收、现场查勘、供电方案确定环节。

【提示方式】仅提示。

（3）业务费确定

【规则描述】用户电源数目为双电源或多电源时，业务费必须进行确定。

【使用场景】高压新装增容流程的现场查勘查、供电方案确定环节。

【提示方式】强制。

（4）用户暂停时间不满 15 天

【规则描述】执行两部制电价的用户，走暂停恢复流程时，在业务受理环节申请执行起日期与配变停用日期相距不足 15 天，提示"暂停恢复时间不满 15 天，基本电费正常计收"。

【使用场景】暂停恢复流程的营业厅受理、线上受理环节。

【提示方式】仅提示。

（5）商业用户两部制电价变更不满 12 个月

【规则描述】运行容量 315kVA 及以上、用电类别为商业、电价为单一制的用户走改类流程，申请改为两部制电价时，若档案的单一制电价上次更改时间跟当前时间相距不满 12 个月，提示"商业用户距上次两部制电价变更时间不满 12 个月"。

【使用场景】改类流程的上门服务环节。

【提示方式】仅提示。

（6）两部制电价切换生效时间

【规则描述】定价策略为两部制的用户申请改类时，若现场查勘环节中电价基本电费计算方式与原档案不一致，若原基本电费计算方式距上次变更时间未满 3 个月，则提示"基本电费计算变更生效时间为×××× 年×× 月×× 日"，年月设置实际为"上次变更生效年月 +3 个月"。

【使用场景】改类流程的上门服务环节。

【提示方式】仅提示。

第二节　实用案例

一、统一软件门禁典型案例介绍

1. 案例描述

高压新装增容流程现场勘查环节，供电方案拟定时，计费方案中电价选择"大工业（淘汰类 -0.4）：1~10kV：三费率：按容量（1~10kV）"，"是否执行峰谷标志"选择"否"，点击"发送"后弹出"电价与峰谷执行标志应一致，请修改"，并限制发送至下一环节，如图 4-4 所示。

2. 问题剖析

该用户计费方案中电价是"三费率"电价，但是"是否执行峰谷标志"为"否"，两者冲突，如图 4-5 所示。这两个参数中一定有一个是错误的。系统门禁校验发现错误，限制了发送，避免参数出错。

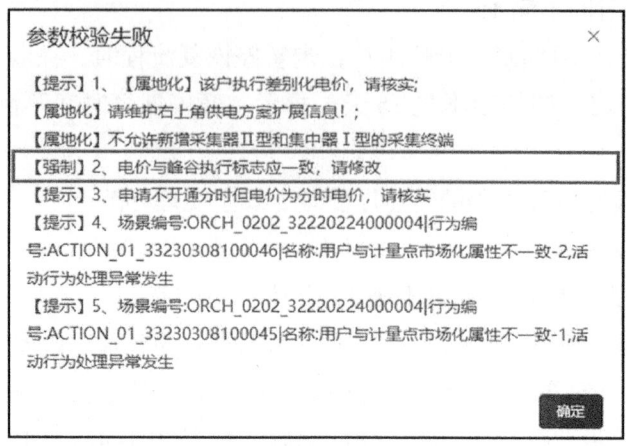

图 4-4　定价策略与电价不一致

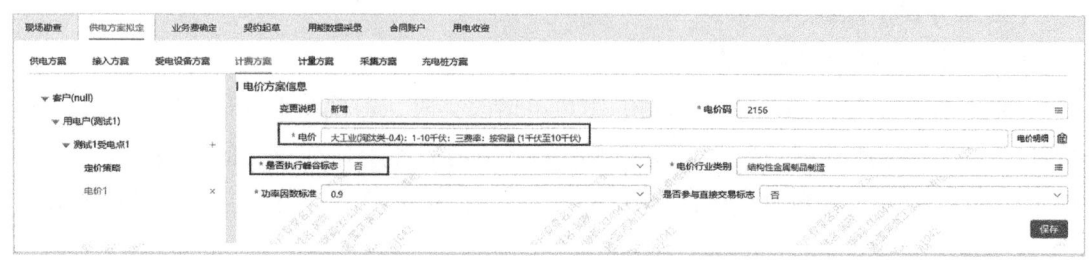

图 4-5　计费方案图

3. 处理方法

业务人员将"是否执行峰谷标志"改为"是"，点击"发送"后该校验提示不再出现。

4. 防范措施

门禁规则中设置定价策略与电价一致性的校验，限制错误流程下发。校验内容设置为：执行两费率或三费率分时电价，"是否执行峰谷标志"为"否"；或"是否执行峰谷标志"为"是"，未执行两费率或三费率分时电价。

二、省侧门禁典型案例介绍

1. 案例描述

高压新装增容流程现场勘查环节，供电方案拟定中的计费方案中电价选择"大工业（淘汰类 –0.4）：1~10kV：三费率：按容量（1~10kV）"，点击"发送"后系统弹出"该用户执行差别化电价，请核实"，如图 4-6 所示，提示业务人员进行再次核实。

第四章　电费门禁业务

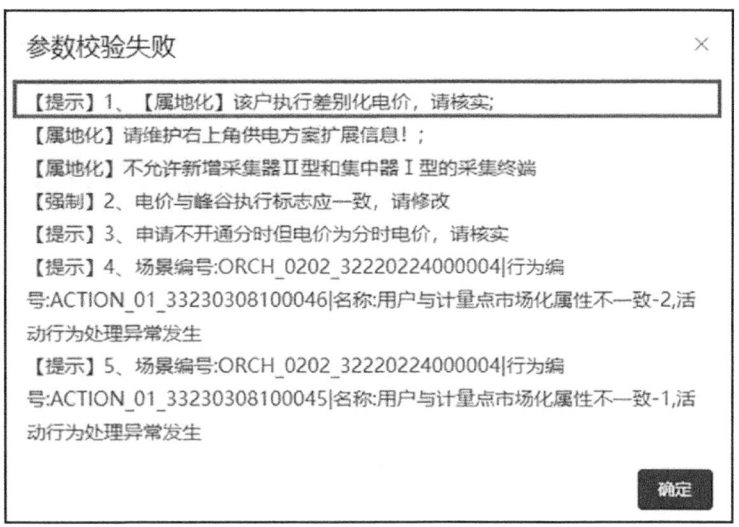

图 4-6　差别电价校验提示图

2. 问题剖析

执行差别电价用户较少，为避免出现正常电价被误选成差别电价的现象，系统对走新装增容流程中执行差别化电价的用户弹窗提醒业务人员再次核实电价，减少差错发生。该用户是新装流程，计费方案设置了淘汰类 -0.4 的差别化加价，系统进行专门提示核实，以免出错，如图 4-7 所示：

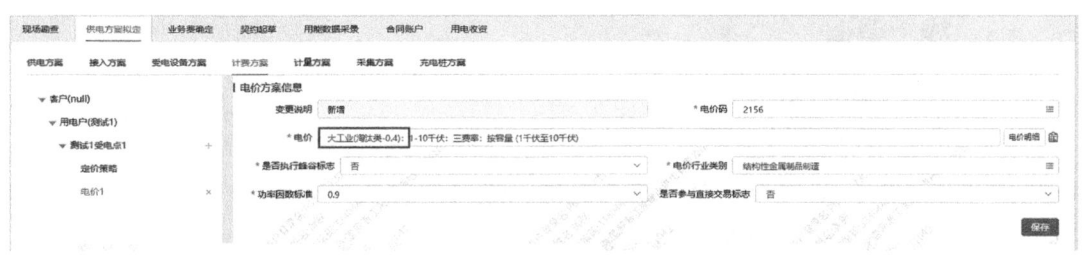

图 4-7　差别电价图

3. 处理方法

业务人员核实电价无误，再次点击"确定"下传流程即可。

4. 防范措施

系统中设置差别电价提示校验，提醒业务人员再次核实差别电价。校验内容设置为：在处理除了改类的其他有"查勘环节"的业务流程时，如果新选择带淘汰类、限制类的电价，或原为带淘汰类、限制类的电价现被取消，即差别电价发生新增或取消变更时，进行提示。

83

第五章 智能收费业务

随着电费收费业务的不断发展，国网浙江省电力有限公司不断优化收费方式，提升收费效率，拓宽收费渠道，提供更多的便利的、经济的、实用的业务模块，在方便用户缴纳电费的同时，注重对企业、用户双方资金安全，国家金融秩序管理的支撑。

第一节 收费方式

随着社会的进步，人们现代化生活水平的提高，电力行业营业窗口坐收这种原始、单一的收费方式已经满足不了人们的需要，相关单位结合本地区实际情况积极探索出了多种收费途径和方式方法，方便客户多渠道缴费，从而进一步提升电费回收率。

一、线上渠道

（一）"网上国网"APP

在手机应用商店搜索并下载"网上国网"APP并进入，之后选择城市，并点击页面中的"前往登录"，登录后即可进入缴费页面。缴费成功后，用户可以在"网上国网"APP个人中心查看本次缴费的详情。

优点：国家电网有限公司开发认证的唯一线上服务APP，安全系数高；可及时获知充值结果；不需要排队缴费；定期推出缴费优惠、积分兑换和电费余额赠送等促销活动，让用户享受更多优惠。

缺点：有单笔缴费金额、笔数限制。

（二）95598互动网站

登录95598电费网站或微信公众号，输入本人名称、身份证号码和绑定电力户号等信息，注册并激活95598电费缴费账户。在95598电费服务平台选择"电费缴费"图标，或根据提示填写公司用电信息并选择缴费金额，点选"下一步"，输入银行卡或支付宝等账户密码，即可完成电费缴纳过程。缴费成功后，平台会提示用户缴费信息和电费余额等信息，缴费记录与电费余额记录会及时地发送到用户注册的手机或邮箱中，方便用户随时查询。

优点：便捷高效，安全系数高；用户可及时获知充值结果；定期推出缴费优惠、积分兑换和电费余额赠送等促销活动，让用户享受更多优惠。

缺点：有单笔缴费金额、笔数限制。

（三）支付宝、微信生活缴费

在支付宝、微信推出的缴费页面上，使用支付宝、微信账户联网合作银行的网上银行缴纳电费。根据支付宝、微信缴费页面的提示，使用支付宝、微信账户或网上银行，一步一步完成缴费。此方式已经完全突破了地域限制，即使不在省内，甚至在国外，只要有互联网的地方便能缴费。全天24小时服务，方便快捷。在支付宝上，还可以通过代扣管理签约免费代扣服务，每月电费会从支付宝账户中自动扣除，结果会以免费短信方式通知用户，缴费信息一目了然。

优点：用户不使用现金缴费，安全系数高；可及时获知充值结果；不需要排队缴费。

缺点：有单笔缴费金额、笔数限制，对账时无法细化至具体用户具体金额。

（四）浙里办

在手机应用商店搜索并下载"浙里办"APP并进入，在手机桌面找到"浙里办"APP，点击进入主页后，找到并点击"纳税缴费"；进入纳税缴费页面后，找到"缴费服务"，点击下方的"水电燃气缴费"即可完成缴费。

优点：便捷高效，安全系数高。

缺点：有单笔缴费金额、笔数限制。

（五）金融机构（银行）

与电力联网的银行，既可以办理电费代扣手续，也可以缴纳电费。可以自由选择各银行网点，缴纳电费的方式如下。

1. E户通

人民银行E户通系统以原浙江省一户通系统相关代收付业务功能为基础进行迭代升级，依托人行小额支付系统，为全国各银行业金融机构及公共事业单位提供代收付业务服务。系统支持7×24小时运行，电费代收付业务新功能主要包括对公托收签约/解约、集团户子户调入/调出、个人卡扣签约/解约、实时代扣等。

优点：拓展供电公司银行代收业务渠道，方便各家银行持卡人办理代扣业务。

缺点：有缴费时间限制且入网安全风险相对较高。

2. 金融机构代扣

依托银电联网实时代收电费系统，用户可以携带银行卡（或存折）、身份证和用电户号，到与电力联网的银行办理电费代扣手续。银行代扣既可以一个账户代扣一个用电户号的电费，也可以一个账户代扣多个用电户号的电费。对于已经办理银行代扣电费的客户，在缴费截止日前关注银行代扣账户余额，确保在账户中留足资金，授权银行会自动在指定的账户中扣除指定户号下的电费。

优点：不需要排队；方便、省心。

缺点：用户不能及时了解账户余额及扣款失败原因。

3. 银行自助终端（POS）刷卡缴费

用电居民在银行营业厅网点内放置的自助缴费终端进行电费缴纳。

优点：缴费时间短，不需要排队；可及时获知充值结果；不使用现金缴费，安全系数高；24小时营业，没有充值时间限制。

缺点：需每月到银行营业网点缴费；部分缴纳电费的人群对自助设备有使用方面的障碍。

4. 网上银行缴费

用户利用银行的网上银行系统，使用银行账户的资金完成电费缴纳。营业人员可使用营销2.0系统中【收费管理】中的【转账用户收费】功能，并将用户转账银行信息保存，以便下次收费时核对销账。在下次收费时，若用户转账银行变化，可使用【转账用户关系维护】功能进行解绑、变更等操作。

优点：缴费时间短，不需要排队；可及时获知充值结果；不使用现金缴费，安全系数高；24小时营业，没有充值时间限制。

缺点：此方法只针对开通网上银行的用电用户。

（六）电费网银

"电费网银"依托国网商城建设部署，是国家电网有限公司企业线上缴费平台，面向企业客户提供线上电力缴费综合服务。支持全国众多主流银行、地方城商、农商行，创新"缴费+票据+融资+理财"全新模式，满足客户"一次都不跑"的综合缴费服务需求。相比较于传统缴费模式，"电费网银"具有高效、安全、灵活、便捷的特点。

1. 网银缴费

网银缴费是国网电子商务有限公司（国网金融科技集团）开发的适用于企业用户大额线上缴费的"支付宝"平台，可以实时查询、实时缴费，支持7×24小时不间断缴费。但目前支持交易银行未实现全覆盖，目前仅接入10余家主流银行，欠缺农信社、部分本地银行等渠道。

2. 集团缴费

集团缴费是国网电子商务有限公司（国网金融科技集团）开发的适用于具有多户号集团企业进行批量缴费的渠道，可在电费网银中的"企业缴费–集团缴费"模块中实现，可进行子户号批量上传、查询、缴费，导出电费金额报表等功能。这种方式便于集团户进行电费资金的集中管理，批量支付。

3. e企扣

e企扣是电费网银平台的线上电费批扣功能，适用于资金流较为充沛、对电费缴纳及时性有高要求的企业，相较于传统的代扣模式，e企扣具备更加灵活的代扣

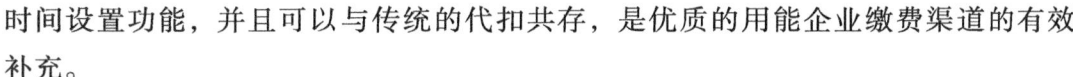

时间设置功能，并且可以与传统的代扣共存，是优质的用能企业缴费渠道的有效补充。

4. 电 e 贷

电 e 贷是电费网银模块下基于企业信用的无抵押贷款产品。国网电子商务有限公司（国网金融科技集团）联合优质金融机构共同为中小微企业提供电费融资服务，可快速获得银行审批额度，满足企业在电费缴纳及生产经营过程中"额度小、频次高、用款急"的短期融资需求。

5. 电 e 票

电 e 票是基于承兑汇票在线贴现进行电费缴纳的一种方式，适用于钢铁、水泥、电解铝等经常进行大宗商品交易、持有承兑汇票的企业客户。企业将持有的电子承兑汇票通过电费网银 e 票专区在线贴现完成电费缴纳，最短 2 小时完成缴纳。本业务首次使用需要进行线下签约。

6. 电 e 盈

电 e 盈主要是"爬账"电费带来利息收益。从机制模式上来说，电 e 盈本质上是一款理财产品，但是相较于其他理财产品，电 e 盈可以为原本需要冻结一段时间的理财产品提供更加灵活的运用模式，可在产品冻结期内用于支付电费。

（七）数字人民币

数字人民币是央行发行、以国家信用为背书的法定货币，具有价值尺度、流通手段、无限法偿、可控匿名的特征，支持账户松耦合和双离线支付，兼具便捷性与强流通性，对降低市场交易成本、提升支付安全水平、发展数字经济、维护国家货币发行权和金融稳定有重要作用。在"数字经济国家战略"大背景下，浙江公司围绕数字人民币工作主线，以资金安全为前提，以提升服务质效为目标，依托财务管控支付、营销系统收缴渠道拓展，引导数字经济和实体经济融合发展，建立公司数字人民币应用业务管理体系，提高服务新型电力系统建设的能力和水平。

1. 营业厅数字人民币缴费

在营业厅现有窗口收费终端增设数字人民币收款功能，或开发数字人民币自助查询缴费终端机，部署数字人民币自助电费充值及欠费补缴等功能，所收款项实时转入公司数字人民币钱包；打通终端机与营销系统 2.0 的接口，缴费信息同步录入。解决传统营业厅电费窗口排队、找零备用金管理、人工解款销账易错等问题。

2. 线上数字人民币缴费

在"网上国网"APP 内增加数字人民币缴纳电费渠道，积极引导居民个人用电客户使用数字人民币缴纳电费，可与银行、国网汇通金财公司联合推广数字人民币应用活动，依据活动规则赠送客户"网上国网"APP 积分，用于后期缴费时抵扣电费，推动数字人民币在民生领域的进一步应用。

二、线下渠道

（一）营业厅缴费

供电营业厅作为电力部门前沿窗口，承担着用电查询、电费缴纳、业务办理、故障报修、业务咨询等多项业务，为用户提供新型优质服务。

1. 供电营业厅柜台现金（支票）缴费

用电客户凭缴费通知单或用电户号在供电营业厅，使用现金、支票、进账单等缴纳电费。

优点：直接享受供电公司缴费服务。

缺点：需每月到供电营业网点缴费；缴费高峰期需排队。

2. 供电营业厅柜台 POS 机刷卡缴费

用电居民在供电营业厅网点，利用放置在柜台处的 POS 机进行刷卡缴纳电费。

优点：直接享受供电公司缴费服务；不使用现金缴费，安全系数高。

缺点：需每月到供电营业网点缴费；缴费高峰期需排队。

3. 供电营业厅自助缴费终端现金缴费

用电居民在供电营业厅网点内放置的自助缴费终端，使用现金进行电费缴纳。

优点：缴费时间短，不需要排队；可及时获知充值结果。

缺点：需每月到供电营业网点缴费；部分缴纳电费的人群对自助设备有使用方面的障碍。

4. 供电营业厅自助缴费终端刷卡缴费

用电居民在供电营业厅网点内放置的自助缴费终端，使用银行卡进行刷卡形式的电费缴纳。

优点：缴费时间短，不需要排队；可及时获知充值结果；不使用现金缴费，安全系数高。

缺点：需每月到供电营业网点缴费；部分缴纳电费的人群对自助设备有使用方面的障碍。

5. 无人营业厅（便民服务点）缴费

用户在供电营业厅网点外（24 小时自助区、便民服务点、电力驿站等）放置的自助缴费终端，使用现金（刷卡）进行电费缴纳。

优点：缴费时间短，不需要排队；可及时获知充值结果。

缺点：需每月到供电营业网点缴费；部分缴纳电费的人群对自助设备有使用方面的障碍。

（二）邮政网点代收电费

用电居民在邮政网点，用现金、票据进行电费缴纳。浙江省范围内已经有很多邮政报刊亭推出了代收水电费服务，同样的服务在村邮站和邮政自有网点都有。用户可以到这些已开通代收电费业务的邮政网点直接用现金缴纳电费。

优点：缴费网点多。

缺点：需每月到邮政营业网点缴费；排队时间长。

（三）电 e 柜

电 e 柜借助于现有互联网线上业务的能力，发挥数字化赋能和线上化服务优势，创新结合"互联网＋供电服务＋金融服务"，既满足各类客户群体的使用需求，又可完成电费资金自助存储后的账务全流程线上自动化处理，打破传统柜面缴费场所、资金安全、资金到账等限制，提升数字化智能办电服务。

优点：集成省侧营销系统解款信息，通过解款编码标识完成对账，T+0/1 日打款到电费账户；在整条资金回收链路上设定 3 个资金风险监控点、2 个业务管理监控点、2 个运营成本监控点，确保电费资金安全"零风险"。

缺点：目前尚在试点运行阶段，未能批量投入使用。

三、应用案例

（一）银行柜台现金缴费

1. 案例描述

某高压用户前往银行柜台缴纳其电费金额后，将进账单交给供电营业厅工作人员，工作人员核对户号、户名、电费金额后完成收费，同时为避免用户多次往返，建议用户前往银行办理 E 户通业务，用户表示认可并马上进行办理。

2. 案例分析

对于通过"倒交""现金""进账单"缴费的用户，工作人员应综合考虑资金安全、用户便捷性、优质服务等多方面因素，建议用户办理 E 户通、银行代扣等多渠道电费缴费方式。

（二）电 e 柜居民现金缴费

1. 案例描述

某低压用户前往电力营业窗口缴纳电费，正值中午，排队等号时间较长，用户询问引导员是否有更快的缴费方式，工作人员建议用户使用电 e 柜进行缴费，用户使用后表示认可。

2. 案例分析

工作人员应根据临厅客户业务办理需求，合理分流，引导用户使用相应自助终端，减少用户等候时间，提升服务水平。

（三）数字人民币缴费典型案例

1. 案例描述

某低压用户黄某某前往营业厅缴纳电费时看到目前可用数字人民币缴费，便咨询营业厅工作人员，工作人员因该业务是新增业务，尝试多次后仍未帮助用户通过数字人民币缴纳电费。

2. 问题剖析

工作人员应熟练掌握数字人民币缴费方式。

3. 处理方法

数字人民币营业厅收款码缴费操作步骤如下。

登录营销2.0系统，功能路径为"业扩接入/其他业务/电力网点数币缴费"，进入该功能，页面如图5-1所示。输入欠费户号，点击"查询"，展示用户欠费信息。

选中查询结果，收款金额框默认显示选中记录对应欠费金额，支持修改但是需要大于本次欠费金额，即支持预交（多收），"支付方式"选择"数币扫码"，点击右下角"开启扫码设备"，用户将数字人民币APP付款码对准扫码盒，完成扫码支付。

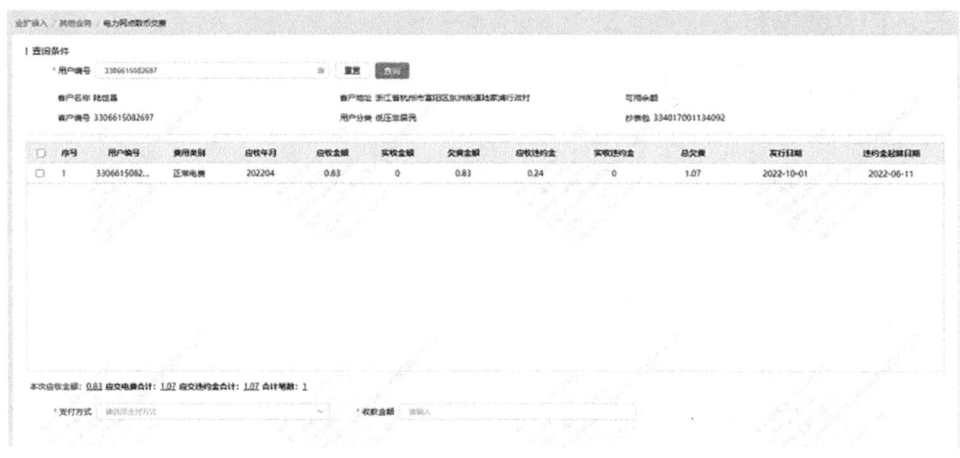

图5-1　数字人民币营业厅收款码缴费界面

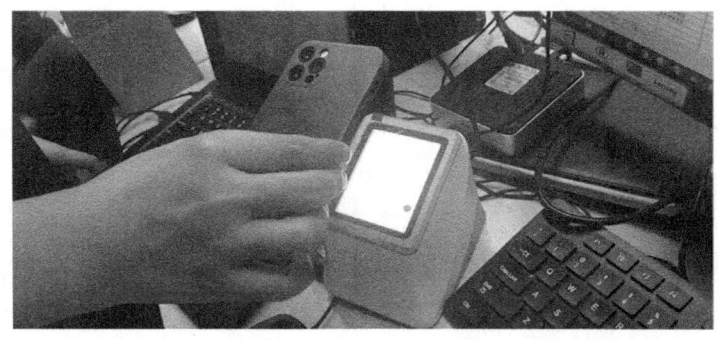

图5-2　扫码盒扫码

当查询欠费后，选中需要收费的记录，修改收款金额，"支付方式"支持选择"数币收款码"，点击右下角"客户确认"，如图5-3所示。

图5-3 电力网点数币缴费界面（数币收款码）

点击"客户确认"后，将收款码推送至大屏，用户使用数字人民币APP扫收款码完成支付，点击"确认"返回，支付完成后电力网点数币缴费查询用户无欠费信息。

第二节 电费解款与核定

电费解款指电费收费人员对当日收取的电费缴入相应电费账户并进行相关操作（解款）。解款核定是指电费账务人员进行电费交易信息的对账和确认（一次核定），财务人员对确认后的电费进行营财核定（二次核定），包括营业人员的收费与缴费渠道的收费。

一、电费解款

（一）营业人员解款

营业厅收费方式一般有现金支付、POS机刷卡、支票支付、转账等，在核对信息无误后进行收费销账解款等工作，并在当时生成解款清单和相应的银行进账单，现金缴款单交予电费账务人员。

（二）渠道缴费解款

渠道缴费一般有金融机构代收代扣、第三方代收代扣（支付宝、微信、"网上国网"、电e宝、E户通等）等方式。

（三）系统自动解款

通过金融机构代收代扣、第三方渠道代收代扣、网银转账方式收费的，营销2.0系统均已实现自动解款。

二、解款核定

（一）营业人员收费类型解款核定

对收费人员每日上交的解款清单、进账凭证与解款记录明细进行核对，确保每张解款清单、进账单与营销系统解款记录一致，确认后3个工作日内进行解款核定。

（二）渠道缴费类型解款核定

渠道缴费一般有金融机构代收代扣、第三方代收代扣（支付宝、微信、"网上国网"、电e宝、E户通等）等方式，在解款后3个工作日内完成解款核定。

（三）系统自动解款核定

通过金融机构代收代扣、第三方渠道代收代扣、网银转账方式收费的，营销2.0系统均已实现自动解款核定。

三、解款核定典型案例

某物业公司杭州分公司通过进账单形式支付电费，收费人员进行解款核定，具体过程如下。

1. 收到用户进账单（如图5-4所示）

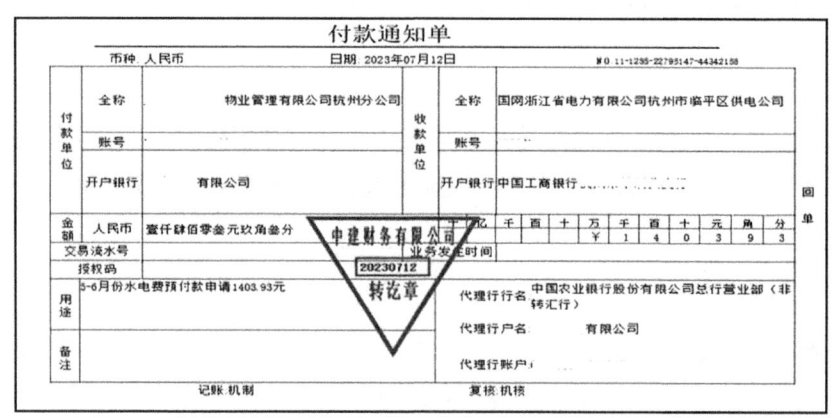

图5-4 用户进账单

2. 完成解款

通过营销系统解款模块选择进账单，并输入进账单金额，点击"确认"后完成解款。

第三节　电费退费、预收互转

一、电费退费

电费退费是指电网企业对用户提出的退费申请，按支付单退费、预收退费、不明账款退费等方式进行处理的业务。

（一）退费原因

发生下列情况时，应按规定及时发起电费退费。

①用户销户并清算电费，可申请退还账户中的剩余电费。非户主本人的退费申请，须经相关方协商一致并签订协议后，再办理退费手续。

②电费解款后发现实收差错。

③因错收或溢收等原因需要退还电费。

（二）业务要求

①非自然人客户应提供单位出具的营业执照、收款收据、收款银行及账号，对公账户应加盖公章。

②自然人客户应提供户主、经办人各自身份证复印件和个人收款收条，并随同退款审批单移交账务班后，再一并移交单位财务部门退费。

（三）审批权限

退费按金额进行逐级审批，审批权限如下。

①退费1000元以下由市公司营业及电费室主任或县公司业务管理室主任负责审批。

②退费1000元及以上50000元以下由市、县公司营销部（农电工作部）主任负责审批。

③退费50000元及以上由市、县公司分管领导审批。

（四）退费业务规范

1. 简化电费退费收资要求

①对于因销户、过户、错交、溢交等需办理退费的，取消"收据收条"作为必备资料。

②为避免客户非法套现等风险，客户因错交原因申请退还电费的，应补充提供缴费凭证和向户主确认的情况证明。

③简化政府拆迁、集中搬迁等批量销户退费收资。由政府部门统一办理销户退费时，只需提供当地政府主管拆迁部门（房屋管理办公室或乡镇级政府）或其授权机构

确认的客户名称、开户银行、银行账号等信息清单。

2. 退费资料实行电子化审批

取消营销与财务的线下纸质退费资料传递，退费资料通过线上流转审核审批，经加盖电子签章后，形成电子审批单推送至财务部门。待"i国网"APP具备审批条件后，营销与财务人员可通过移动端完成线上审批。简化资金支付审批流程，营销岗位不再重复开展财务资金支付审批。

3. 提高退费全流程效率

加强电费退费时长管理，原则上要求退费工单整体时长不超过5个工作日，其中营销审核审批流程在2个工作日内完成，5000元以下小额退费财务人员在3个工作日内完成。

4. 提高退票处理效率

因客户收款账号有误等原因导致银行退票，为确保退费业务营财一致性，营销2.0系统接收支付失败信息后，自动冲正退费台账、还原预收余额，并重新发起新的退费流程。由营销人员联系客户核对退费信息后，经逐级审批，再次推送至财务部门进行重新付款。

二、预收互转

预收互转是指将用户账户下的部分或全部预收余额调出到另一个或多个非关联用户账户下的业务。预收电费、销户剩余的电费、退补电费、积分、充值卡相关电费可以预收互转。需要注意的是，电费红包和政府拨付的充电桩补贴不可预收互转。

关联户（集团户）间预收互转，可由关联户（集团户）主户提出申请办理；非关联户间的预收互转，一般应由转出客户提出申请，特殊情况由转入户申请时，应由相关方签订协议为前提。

附件材料应遵循真实有效、转出户知情并同意的原则。

1. 转出户户主本人办理

户名是个人名字的，提供转出户的户主身份证明、联系电话；户名不是个人名字的，提供房屋产权证明及身份证明、联系电话；特殊用户，例如拆迁用户的房屋产权证明可以是拆迁协议或相关职能部门证明等。

2. 非转出户户主本人办理

转出户户主的身份证明，若名字与系统内户名不一致，还应提供房屋产权证明，转出户户主的同意书或委托书（内容应包括委托人、办理原因、转出户与转入户关系等情况）、身份证复印件及联系方式（手机号码），经办人身份证明、联系电话，缴费凭证复印件或截图件。租赁户办理还应提供租赁协议（协议地址须与电力用电地址一致），申

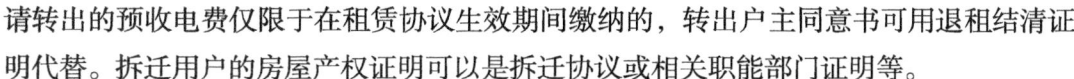

请转出的预收电费仅限于在租赁协议生效期间缴纳的，转出户主同意书可用退租结清证明代替。拆迁用户的房屋产权证明可以是拆迁协议或相关职能部门证明等。

三、典型案例

◆ 案例一

1. 案例描述

某高压用户经办人李某于 2022 年 9 月 21 日通过电话咨询供电所高压班工作人员，若将该用户电费账户中的余额 4529.13 元退费至公司账户内需要办理何种手续，工作人员按照退费要求告知其需要携带公司营业执照、法人身份证、经办人身份证（若有）、退费申请并加盖公司公章前往营业厅办理退费并签字、加盖公司公章确认。次日，用户带齐相关资料前往营业厅申请退费，营业厅工作人员核实发现，该用户电费账户中余额为退补电费所产生的，不能直接退费，现场建议其办理预收互转，用户表示前一天已打电话咨询，质疑营业厅业务能力，并打 95598 投诉。

2. 问题剖析

用户打电话或者现场咨询退费手续时，需要首先明确用户账户余额来源，并告知用户红包、充值卡均不可退费，如确需退费，需用户提供原发票进行冲红处理。

◆ 案例二

1. 案例描述

某低压用户于 2021 年 8 月 17 日销户，销户时用户预收余额剩 329.73 元（充值卡余额 326.09 元、积分 1.51 元和红包 2.13 元），该户主王某某在营业厅申请将预收余额 329.73 元转入其另一个户号下电表，营业厅工作人员受理后告知用户红包不可互转也不可退费，实际可互转金额为 327.6 元，用户表示认可并办理互转。

2. 案例分析

积分、充值卡可预收互转，红包和充电桩补贴不可互转。账户各类型余额退费、互转、转营业外收入路径如表 5-1 所示。

表 5-1 账户各类型余额退费、互转、转营业外收入路径

余额属性	退费	预收互转	转营业外收入
积分	√	×	√
红包	×	×	√
退补电费	×	√	√
充值卡	×	√	√
充电桩补贴	×	×	×

第四节　电费违约金

根据《供电营业规则》（中华人民共和国电力工业部第 8 号令）第九十八条的规定，用户在供电企业规定的期限内未交清电费时，应承担电费滞纳的违约责任。电费违约金计算从逾期之日起至缴纳日止（不含缴纳日）。每日电费违约金按照下列规定计算：

①居民用户每日按欠费总额的千分之一计算；

②其他用户：当年欠费部分，每日按欠费总额的千分之二计算；跨年度欠费部分，每日按欠费总额的千分之三计算。

电费违约金收取总额按日累加计收。电费违约金累计不超过用户欠费总额的百分之三十。

一、电费违约金的计算

①电费违约金按日按欠费本金计算，不得将已算电费违约金数额纳入欠费基数再次计算违约金，违约金总额按日累加。

②违约金起算日期：居民用户为电费发行月的次月 1 日，非居民用户按照供用电合同约定的缴费截止日期加一天执行。

③分次结算电费客户应按合同约定设置各期缴费截止日，并收取违约金；分期划拨电费客户，前批次划拨电费不收取电费违约金（客户与供电企业有专门合同约定的除外）。

④当发生因客户原因引起的电费托收不成功、票据退票或电费错收等引起冲账时，违约金应从起算日起重新计算。

二、电费违约金的收取

增值税专用发票客户缴纳的电费违约金不得与电费本金合并出票，须单独出具增值税电子普通发票；其他客户的电费违约金与电费本金合并出票。

电力柜台收取的电费违约金视同电费管理，与电费合并解款；核算账务班进行解款核定后，由财务资产部进行二次销账和资金账务处理。

三、电费违约金的减免

下列非客户原因引起的逾期缴费，可申请免计违约金：

①因供电企业工作人员工作差错或电费计算出现错误，影响客户按时缴纳电费，产生的电费违约金；

②因非客户原因导致银行（或第三方）代扣电费出现错误或延缓扣款，影响客户按时缴纳电费，产生的电费违约金；

③因营销业务应用系统客户档案资料不完整或错误，影响客户按时缴纳电费，产生的电费违约金；

④客户通过网上银行等缴费渠道"倒交"电费，未及时通知收费人员造成滞后销账，产生的电费违约金；

⑤因营销业务应用系统或网络发生故障影响电力客户按时缴纳电费；

⑥经审批同意核销的电费呆坏账，同步存在的电费违约金；

⑦因不可抗力、自然灾害等原因导致客户无法按时缴纳电费；

⑧其他因供电企业原因产生的电费违约金。

违约金免计申请，最终审批权限按下列原则确定：

①电费违约金免计金额在100元以下，由市公司客户服务中心营业及电费室主任或县公司客户服务中心业务管理室主任审批；

②电费违约金免计金额在100元及以上1000元以下，由本单位营销部主任审批；

③电费违约金免计金额在1000元及以上，由本单位分管领导审批。

四、电费违约金转预收

对因免计原因导致实际多收取的电费违约金，应先转预收，再根据实际情况决定是否退还给客户。若客户要求直接退还电费违约金，视同电费退费处理。具体程序按照《国网浙江省电力有限公司电费收费工作规定》（浙电营字〔2021〕30号）执行。完成电费违约金退还后，流程发起人应及时通知客户。

五、违约金减免典型案例

1. 案例描述

某供电所5月29日收到高压客户流水资金到账通知，该用户已于5月25日通过银行"倒交"进入公司工商银行电费户，电费总计24476.40元（该笔电费缴费截止日期为5月26日），请计算可减免违约金金额。

2. 问题剖析

该用户电费违约金按照下列规定计算：

①当年欠费部分，每日按欠费总额的千分之二计算；

②跨年度欠费部分，每日按欠费总额的千分之三计算。

电费违约金收取总额按日累加计收。电费违约金累计不超过用户欠费总额的百分之三十。

违约金起算日期：按照供用电合同约定的缴费截止日期加一天执行。

因此该用户可以减免违约金的金额为：24476.40×2‰×3=146.85元。

第五节 销户余额清退

用户销户后，如仍有预收电费余额的，应及时规范开展用户销户电费余额清退，销户用户预收余额处理遵循主动服务、应退尽退、应转尽转的原则，严禁违规使用（互转）销户预收余额。

一、用户告知及对外公告

用户销户后如仍有预收电费余额的，流程归档后24小时内自动通过智能语音外呼方式，告知用户通过线上线下渠道办理销户电费退费或预收互转业务。

每月10日，系统自动对全省销户仍有预收电费余额的用户通过智能语音外呼方式通知用户办理退费。语音外呼结果应进行结构化记录，系统推送外呼失败（拒接及未接听）的用户清单至属地单位，由属地单位再次进行人工电话提醒，提醒电话应录音存档。

智能语音及人工告知完成后，各单位营销部门会定期梳理符合办理销户余额转营业外收入的用户清单，以独立核算单位为单位进行登报公告，公告应列明用户名称、地市，并说明用户销户后仍有电费余额未清退，应尽快办理。

符合下列情况的用户，可按规定及时发起销户余额转营业外收入业务流程：

①销户三年及以上，且无法通过预留在营销系统中的联系方式联系到用户的，在登报、公告后用户仍未办理销户余额退费手续的，应及时转营业外收入；

②销户三年以内，通过电话、微信或书面形式告知用户，确认用户放弃该笔销户余额，在保留相关佐证材料后，可转营业外收入。

二、转营业外收入申请

登报公告满15天后仍未办理退费的，由客户服务中心、各区县公司相关营业班组（业务受理员或高低压客户经理）负责批量办理销户预收余额转营业外收入手续。业务受理员或高低压客户经理完成销户余额转营业外收入的资料收集后，在营销业务系统中发起销户余额转营业外收入流程，同步完成资料存档，包括待转用户清单、对外公告（告知书）、智能语音及人工提醒通话记录等，流程发起后财务人员同步启动上会决策审批程序。

销户余额转为营业外收入业务流程的审批权限，按以下规定执行：

①电费金额在 1000 元以下，由供电所所长负责审批；

②电费金额在 1000 元及以上 50000 元以下，由本单位营销部主任负责审批；

③电费金额在 50000 元及以上，由本单位分管领导负责审批。

注意事项：①销户余额转为营业外收入后，用户申请预收电费退费或预收互转，在完成销户余额转营业外收入撤还后，仍可正常发起电费退费或预收互转流程完成余额清退；②跨利润中心不可互转。

三、转营业外收入撤还

销户余额转为营业外收入后，用户申请预收电费退费或预收互转，在完成销户余额转营业外收入撤还后，才可正常发起电费退费或预收互转流程完成余额清退。撤还流程与转收入申请流程环节一致，由营业班负责发起营业外收入撤还按户申请，由电费账务人员复核。审核不通过则回退至流程申请环节，审核通过则将流程发送至转营业外收入撤还审批环节，参照转营业外收入流程审批权限设置办理审批，最后由本单位财务部门审核归档。

四、销户余额清退典型案例

1. 案例描述

某低压用户 2021 年 4 月 21 日办理销户后，账户余额 0.12 元，属地供电所通过电话告知用户，确认用户放弃该笔销户余额，并保留通话录音材料，在登报满 15 天后，办理转营业外收入。

2. 案例分析

供电所对销户用户预收余额处理遵循主动服务、应退尽退、应转尽转的原则，转营业外收入满足办理规定与时限要求。

转营业外收入营销系统操作步骤如下。

（1）转预收申请

①销户用户预收余额查询。输入用户编号（合同账户编号）、销户起止日期，点击"查询"，查看用户预收余额。勾选需转营业外收入预收余额信息（如图 5-5 所示）。

图 5-5　用户预收余额查询

②填写申请原因及上传附件信息（如图 5-6 所示）。

图 5-6　上传附件界面

③打印：保存后可打印销户预收退费转营业外收入清单（如图 5-7 所示）。

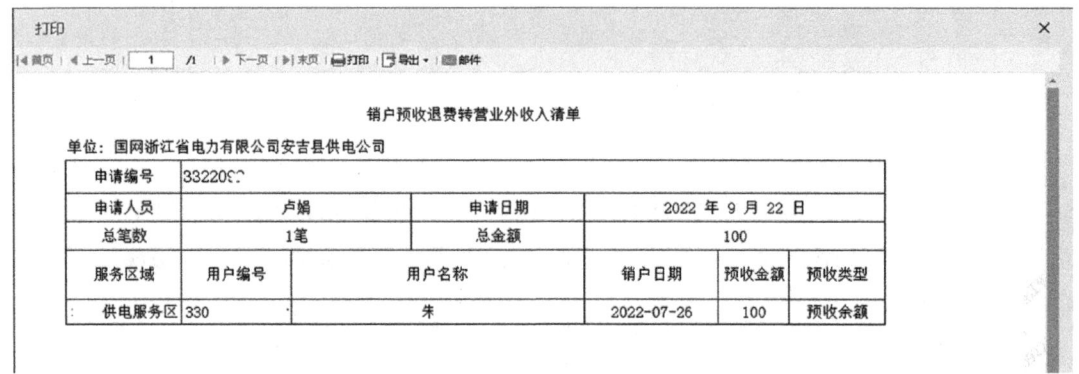

图 5-7　打印销户预售退费转营业外收入清单

④发送：保存后可发送流程至转营业外收入审核环节。

（2）转营业外收入审核

①签收：选择转营业外收入审核工单，点击"签收"（如图 5-8 所示）。

②同意：审核申请信息及支付信息，信息无误点击"同意"，跳出审批弹窗，填写审批意见，再点击"确认"，流程跳转到转营业外收入一级审批环节。

③不同意：审核申请信息及支付信息，信息有误点击"不同意"，跳出审批弹窗，填写审批意见，再点击"确认"，流程回退到转营业外收入申请环节。

图 5-8　转营业外收入审核界面

五、风险提示

①各单位要有序规范开展销户余额清理，制定本单位销户余额管理工作细则，建立工作业务质量评价及监督考核制度，切实提高销户余额管理水平。

②各单位要组织人员开展业务培训，确保每一笔清退的销户预收电费均规范留痕。统一客户答复口径，做好客户沟通解释工作，不得发生负面舆情。

③销户用户预收余额处理遵循主动服务、应退尽退、应转尽转的原则，务必做到逐户与用户沟通，告知到位。严禁违规使用（互转）销户预收余额。

④经向销户用户告知到位后，仍无法退费或预收互转的电费余额，可转营业外收入。销户用户预收余额转营业外收入应按照用户告知到位、登报公告、上会审批的规范流程开展，确保程序到位。

第六节　反洗钱

根据《国家电网有限公司关于全面加强银行电费支付渠道反洗钱工作的通知》文件精神，为进一步防范不法分子通过银行转账、代收方式实施洗钱的风险，确保人们的财产安全和公司的资金安全，各省公司联动银行金融渠道，快速实施切实有效的措施。自 2023 年 1 月起，国网浙江省电力有限公司开始对接各银行金融渠道开展风控措施部署。

一、主要风控手段

电费支付渠道风控措施，主要包括转账渠道白名单机制、代收渠道防控策略、交易"四要素"传递等。

（一）转账渠道白名单机制

白名单机制是指在银行转账渠道方面，将被信任的银行账户存入名单中的一种安全性防控机制，只有在白名单以内的银行账户才可以将资金成功转入浙江电力的电费专户。目前浙江电力有设立电费专户的银行均已上线白名单机制，包括工商银行、建设银行、农业银行、中国银行、交通银行、邮储银行和农商银行。

电费专户白名单管理是指对上述白名单进行新增、修改、删除等操作的申请和审批业务。电费专户白名单申请在营销2.0系统的功能路径为"计费结算/账务清分/电费专户白名单申请"。

（二）代收渠道防控策略

代收渠道防控策略是指在电费代收渠道方面，设立的单户单日缴费次数、单户单日缴费限额、单户单月缴费次数、单户单月缴费限额等风控措施。浙江省代收渠道主要包括"网上国网"（电e宝）、支付宝、微信及25家银行机构，渠道名称及其防控策略如表5-2所示。

表5-2 各代收渠道现有防控策略

序号	渠道名称	现有代收渠道防控策略
1	工商银行	根据用户欠费查询返回金额全额缴费，不支持预充值，没有次数限制，金额上限支持用户自己设置，银行柜面有相关身份核实等业务操作
2	农业银行	根据用户欠费查询返回金额全额缴费，不支持预充值，没有金额上限和次数限制，银行柜面有相关身份核实等业务操作
3	建设银行	单笔金额不能超过5000元，单日累计金额不能超过1万元
4	光大银行	同一户号单日缴费笔数不能超过3笔，单笔金额不能超过2000元
5	浙商银行	单笔金额不能超过5万元，单日累计金额不能超过5万元，手机银行对超过1万元有软提示
6	邮储银行	根据用户欠费查询返回金额全额缴费，不支持预充值，没有金额上限和次数限制，银行柜面有相关身份核实等业务操作
7	邮政电子商务	根据用户欠费查询返回金额全额缴费，不支持预充值，没有次数限制，金额上限1000万元
8	浙江银联	单笔金额不能超过5000元，单日累计金额不能超过1万元
9	银联电子商务	根据用户欠费查询返回金额全额缴费，不支持预充值，没有金额上限和次数限制

续表

序号	渠道名称	现有代收渠道防控策略
10	中国银行	①单笔金额小于 5000 元；②缴费账号为浙江省内账号；③同一户号单日缴费笔数不能超过 5 笔
11	交通银行	根据用户欠费查询返回金额全额缴费，不支持预充值，没有金额上限和次数限制，银行柜面有相关身份核实等业务操作
12	农信社	根据用户欠费查询返回金额全额缴费，不支持预充值，没有金额上限和次数限制，银行柜面有相关身份核实等业务操作
13	招商银行	个人客户单笔金额不能超过 5000 元
14	浦发银行	根据用户欠费查询返回金额全额缴费，不支持预充值，没有金额上限和次数限制，银行柜面有相关身份核实等业务操作
15	中信银行	根据用户欠费查询返回金额全额缴费，不支持预充值，没有金额上限和次数限制，银行柜面有相关身份核实等业务操作
16	华夏银行	根据用户欠费查询返回金额全额缴费，不支持预充值，没有金额上限和次数限制，银行柜面有相关身份核实等业务操作
17	民生银行	根据用户欠费查询返回金额全额缴费，支持预充值，没有金额上限和次数限制，银行柜面有相关身份核实等业务操作
18	宁波银联	根据用户欠费查询返回金额全额缴费，不支持预充值，没有金额上限和次数限制，银行柜面有相关身份核实等业务操作
19	温州银行	根据用户欠费查询返回金额全额缴费，不支持预充值，没有金额上限和次数限制，银行柜面有相关身份核实等业务操作
20	杭州银行	根据用户欠费查询返回金额全额缴费，不支持预充值，没有金额上限和次数限制，银行柜面有相关身份核实等业务操作
21	电 e 宝	新用户实名认证后才能缴费，每个账号每日最多查询 10 个户号，缴费时根据支付渠道会有不同限额限制
22	金华商业银行	根据用户欠费查询返回金额全额缴费，不支持预充值，没有金额上限和次数限制，银行柜面有相关身份核实等业务操作
23	绍兴商业银行	根据用户欠费查询返回金额全额缴费，不支持预充值，没有金额上限和次数限制，银行柜面有相关身份核实等业务操作
24	台州商业银行	根据用户欠费查询返回金额全额缴费，不支持预充值，没有金额上限和次数限制，银行柜面有相关身份核实等业务操作
25	宁波人行	根据用户欠费查询返回金额全额缴费，不支持预充值，没有金额上限和次数限制，银行柜面有相关身份核实等业务操作
26	浙江人行	根据用户欠费查询返回金额全额缴费，不支持预充值，没有金额上限和次数限制，银行柜面有相关身份核实等业务操作

续表

序号	渠道名称	现有代收渠道防控策略
27	支付宝生活缴费	①每个支付宝账号一天只能缴200笔； ②每个支付宝账号单笔不超过5万元； ③每个支付宝账号单日累计不超过5万元； ④每个支付宝账号单月累计不超过10万元； ⑤每个户号单月累计不超过5万元； ⑥每个户号一天最多只能缴费10笔； ⑦每个支付宝账号每天限制100次查询； ⑧每个支付宝账号可以有5个分组，每个分组20个户号
28	微信生活缴费	单笔金额为5～50000元，不限次数

（三）交易"四要素"传递

交易"四要素"传递是指金融机构传递给电网企业的交易流水应包含对方账户户主姓名、账号、归属银行和开户网点、绑定的手机号码，用于资金溯源。

二、实用案例

（一）不法分子通过电费支付渠道实行诈骗与洗钱

1. 案例描述

某不法分子A将伪造催交电费单张贴在某省电力用户B家门口，用户B扫描催交电费单上的二维码缴纳了"电费"5000元，但迟迟未到账。同时该不法分子A在朋友圈、淘宝等渠道发布"8折代交电费"信息，某电力用户C被折扣信息吸引，向其购买折扣电费1000元，该不法分子A要求用户C向电力公司申请添加白名单，通过转账方式将从用户B那诈骗的钱帮用户C交电费。

2. 问题剖析

用户B通过扫描不法分子伪造催缴电费单上的二维码缴纳"电费"后，电费迟迟未到账，该用户B属于被诈骗；用户C被不法分子发布的折扣电费吸引，购买折扣电费，该缴纳电费行为属于洗钱。

3. 处理方法

业务人员收到电力用户提交的白名单信息后，应核实以下两点信息：一是客户提交的白名单账户名称与用户名称是否一致；二是白名单账户的开户网点是否在省内。对于账户名称与用户名称不一致或开户网点在省外的，业务人员要谨慎添加，避免本单位电费专户涉诈。

4. 防范措施

一是开展电费反诈骗反洗钱广泛宣传，增强电力用户防范意识；二是对于电力用户提交的转账渠道白名单，业务人员要加强核对账户信息，有效防范电费支付渠道洗钱行为。

（二）电力客户通过电费代收渠道缴纳电费

1. 案例描述

某客户通过支付宝向两个户号缴纳电费，首先是向户号 A 缴纳 15 笔 1000 元电费，其次是向户号 B 缴纳 10 万元。

2. 问题剖析

根据支付宝风控策略，客户向户号 A 缴纳的前 10 笔均能缴费成功，向户号 A 缴纳的后 5 笔因笔数超限而缴费失败；向户号 B 缴纳的 10 万元因金额超限而缴费失败。

3. 处理方法

调整客户单笔缴费金额和缴费总次数，向户号 A 一次性缴纳 1 万元，向户号 B 分两日各缴纳 5 万元，则均能缴费成功。

4. 防范措施

若该案例为不法分子通过支付宝缴纳电费洗钱，通过以上分析可知，当缴费时满足缴费金额和笔数的限制则可缴费成功。故代收渠道仍存在涉诈风险，业务人员应加强反洗钱工作宣传，增强电力用户反诈骗反洗钱意识。

第六章 电费票据管理

第一节 电费账单

电费账单是指电网企业向电力用户提供的电量电费单据,反映电力用户在一段时间内的电力使用情况。根据用户用电类别、市场化属性,电费账单分为居民、农业、工商业三种格式,其中工商业用户包括代理购电用户、兜底用户、零售用户及批发用户。

一、居民电费账单

(一)电费账单样式

某居民用户的电费账单如图 6-1 所示:

非市场化客户电费清单

计算年月:202306		用电周期:2023.06.01-2023.06.30			打印日期:2023年8月24日		
户名	蔡**			地址	浙江省杭州市***		
户号	330***262			区页码	334***281	电话号码	132***800
							135***438
表号	电表编码	本期示数		上期示数	倍率		电量(kw.h)
00010020924632	正向有功(总)	145238		142303	1		2935
00010020924632	正向有功(谷)	57314		56140	1		1174
	有功线损						0
有功铜损	有功铁损	有功合计	无功铜损	无功铁损	无功合计	结算电量-尖	结算电量-峰	结算电量-谷
0	0	2935	0	0	0		1761	1174
受电容量	核定需量	需量示数	实际需量	超核需量	暂停容量	暂停天数	退补电费	预收电费
12							0	165.51

电量:kW·h,容量:kVA,电价:元/kWh,电费:元

计费项目	计费数量	电价	电费	备注
峰-居民生活用电	1761	0.56800	1000.25	
谷-居民生活用电	1174	0.28800	338.11	
代征电费	0	/	0.00	非市场化客户
阶梯1	1207	0.05000	60.35	
阶梯2	1728	0.30000	518.40	
合计			1917.11	

溢收抵冲:20.24 本次应收:1896.87
一档剩余电量:0,二档剩余电量:0

合计金额(大写): 壹仟玖佰壹拾柒圆壹角壹分   ¥1917.11

抄表责任人:周*   打印操作人:王*   **供电服务站

图 6-1 某居民用户电费账单

106

（二）账单内容解读

居民电费账单由基本信息、电量信息、电费信息和其他信息组成。

1. 基本信息

展示户号、户名、用电地址、电话号码等基本信息。

2. 电量信息

展示账单周期内电量信息，包括表号、示数类型、上期示数、本期示数、综合倍率、抄表电量和结算电量，样单中该用户总结算电量为 2935 千瓦·时，其中高峰电量为 1761 千瓦·时，低谷电量为 1174 千瓦·时。

3. 电费信息

展示当月电费信息，包括结算电量、电价、电费等。

根据浙江省电网销售电价表（如图 6-2 所示），不满 1kV "一户一表" 居民用户，年用电 2760 千瓦·时及以下部分，电度电价为 0.5380 元/千瓦·时，高峰电价为 0.5680 元/千瓦·时，低谷电价为 0.2880 元/千瓦·时；年用电 2761~4800 千瓦·时部分，电度电价为 0.5880 元/千瓦·时，高峰电价为 0.6180 元/千瓦·时，低谷电价为 0.3380 元/千瓦·时；年用电 4801 千瓦·时及以上部分，电度电价为 0.8380 元/千瓦·时，高峰电价为 0.8680 元/千瓦·时，低谷电价为 0.5880 元/千瓦·时。二档电价为一档电价上浮 0.05 元/千瓦·时，三档电价为一档电价上浮 0.30 元/千瓦·时。

浙江省电网销售电价表

单位：元/千瓦时（含税）

用电分类		电压等级	电度电价	分时电价		
				尖峰电价	高峰电价	低谷电价
一、居民生活用电	不满 1 千伏 "一户一表" 居民用户	年用电 2760 千瓦时及以下部分	0.5380		0.5680	0.2880
		年用电 2761-4800 千瓦时部分	0.5880		0.6180	0.3380
		年用电 4801 千瓦时及以上部分	0.8380		0.8680	0.5880
	不满 1 千伏合表用户		0.5580			
	1-10 千伏及以上合表用户		0.5380			
	农村 1-10 千伏		0.5080			
二、农业生产用电	不满 1 千伏		0.6280	0.8984	0.8486	0.3692
	1-10 千伏		0.5900	0.8462	0.8016	0.3431
	20 千伏		0.5700	0.8188	0.7769	0.3294
	35 千伏及以上		0.5600	0.8052	0.7647	0.3226
其中	农业排灌、脱粒用电	不满 1 千伏	0.4770	0.6542	0.5888	0.3271
		1-10 千伏	0.4390	0.6020	0.5418	0.3010
		20 千伏	0.4190	0.5746	0.5171	0.2873
		35 千伏及以上	0.4090	0.5608	0.5047	0.2804

注：1. 上表所列价格，均含政府性基金及附加。其中，居民生活用电每千瓦时含国家重大水利建设基金 0.403875 分、大中型水库移民扶持基金 0.62 分、可再生能源附加 0.1 分；农业生产用电每千瓦时含国家重大水利建设基金 0.403875 分。
2. 居民生活用电分时电价时段划分：高峰时段 8：00-22：00；低谷时段 22：00-次日 8：00。居民生活用电 1-10 千伏 "一户一表" 价格在不满 1 千伏 "一户一表" 居民生活用电价格基础上相应降低 2 分。
3. 农业生产用电分时电价时段划分：尖峰时段 19：00-21：00；高峰时段 8：00-11：00、13：00-19：00、21：00-22：00；低谷时段：11：00-13：00、22：00-次日 8：00。

图 6-2 浙江省电网销售电价表

截至 6 月，该用户年累计用电已超 4801 千瓦·时及以上，6 月结算电量为 2935 千瓦·时，其中占二档电量 1207 千瓦·时，三档电量 1728 千瓦·时，计算电费如下。

峰 – 居民生活用电 = 高峰结算电量 × 高峰电价 =1761×0.5680=100.25 元

谷 – 居民生活用电 = 低谷结算电量 × 低谷电价 =1174×0.2880=338.11 元

因居民销售电度电价中已包含政府性基金及附加，故代征电费不再单独计收，代征电费 =0.00 元。

阶梯 1= 二档电量 × 二档加价 =1207×0.05=60.35 元

阶梯 2= 三档电量 × 三档加价 =1728×0.30=518.40 元

合计电费 =100.25+338.11+60.35+518.40=1917.11 元

4. 其他信息

展示用户银行代扣信息、预收冲抵、本次应收等。该用户本次通过预收余额冲抵 20.24 元，还需缴纳 1896.87 元。

二、农业电费账单

（一）电费账单样式

某农业生产用户的电费账单如图 6-3 所示：

非市场化客户电费清单

计算年月:202306					打印日期:2023年8月24日	
户名	杭州市***		地址	浙江省杭州市***		
户号	330***987		区页码	334***521	电话号码	137***869 133***733
表号	电表编码	本期示数	上期示数	倍率	电量(kw.h)	
	08450121878582	正向有功（总）	455	0	1	455
	08450121878582	正向有功（谷）	169	0	1	169
	00010001722163	正向有功（总）	399183	398684	1	499
	00010001722163	正向有功（谷）	172762	172595	1	167
		有功线损				0
有功铜损	有功铁损	有功合计	无功铜损	无功铁损	无功合计	结算电量-尖	结算电量-峰	结算电量-谷
0	0	954	0	0	0		618	336
受电容量	核定需量	需量示数	实际需量	超核需量	暂停容量	暂停天数	退补电费	预收电费
12							0	0

电量: kW·h, 容量: kVA, 电价: 元/千瓦时, 电费: 元

计费项目	计费数量	电价	电费	备注
农业生产用电	954	0.62800	599.11	非市场化客户
合计			599.11	

156***038
银：110****5227

合计金额(大写)： 伍佰玖拾玖圆壹角壹分　　　　　¥599.11

抄表责任人：宣*　　打印操作人：王*　　　　　　　**供电所

图 6-3　某农业生产用户电费账单

（二）账单内容解读

农业电费账单与居民电费账单一致，由基本信息、电量信息、电费信息和其他信息组成。

1. 基本信息

展示户号、户名、用电地址、电话号码等基本信息。

2. 电量信息

展示账单周期内电量信息，包括表号、示数类型、上期示数、本期示数、综合倍率、抄表电量和结算电量，样单中该用户总结算电量为954kW·h，其中高峰电量为618kW·h，低谷电量为336kW·h。

3. 电费信息

展示当月电费构成，包括结算电量、电价、电费等。

根据浙江省电网销售电价表（如图6-2所示），不满1kV农业生产用电电度电价为0.6280元/千瓦·时，尖峰电价为0.8984元/千瓦·时，高峰电价为0.8486元/千瓦·时，低谷电价为0.3692元/千瓦·时。

该用户为不满1kV单费率农业用户，计算电费如下：

农业生产用电电费 = 总结算电量 × 电度电价 =954×0.6280=599.11元

4. 其他信息

展示用户银行代扣信息、预收冲抵、本次应收等。

三、工商业电费账单

第三监管周期输配电价调整后，工商业用户电费账单采用总部统一电费账单。

（一）电费账单样式

某工商业用户的电费账单如图6-4、图6-5所示。

（二）账单内容解读

首页主要为用户基本信息、电费概况、缴费渠道等关键信息，后续页面为电费明细、电量明细等详细内容。

1. 基本信息

主要包括账单周期、户号、户名、电压等级、购电方式等。账单中该用户为10kV湖州某零售用户，用电类别为大工业，本次为终次结算电费账单。

2. 电费概况

主要展示用户当期电费的总体情况，包括本期电量、本期电费、电费构成、峰谷用电情况等。该用户本期电量为172140kW·h，其中尖峰电量为45880kW·h、高峰电量为42380kW·h、低谷电量为83880kW·h，总电费为139618.38元。

电费业务数智体系建设与应用

尊敬的 湖州***厂 用户，这是您 7 月的终期电费账单。

账单周期	户号	户名	用户类型	电压等级
2023-07-20	330***305	湖州***厂	大工业用电	交流10kV
2023-07-31	管理单位	用电地址	抄表日期	购电方式
	**供电所	浙江省湖州市***	2023-08-01	零售购电

账单信息　　　　　　　　　　　　　　　　　　　　账单打印日期：2023/8/4

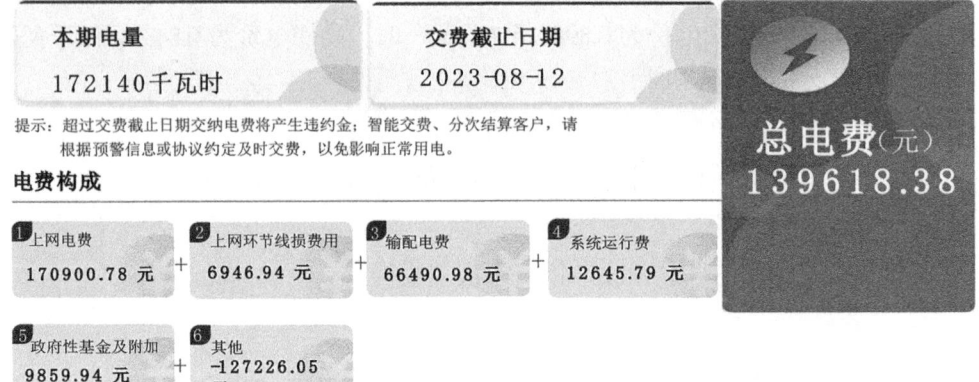

本期电量 172140千瓦时

交费截止日期 2023-08-12

提示：超过交费截止日期交纳电费将产生违约金；智能交费、分次结算客户，请根据预警信息或协议约定及时交费，以免影响正常用电。

总电费（元） 139618.38

电费构成

① 上网电费 170900.78 元 + ② 上网环节线损费用 6946.94 元 + ③ 输配电费 66490.98 元 + ④ 系统运行费 12645.79 元

⑤ 政府性基金及附加 9859.94 元 + ⑥ 其他 -127226.05 元

峰谷用电　　　　　　更多用能分析结果和用电建议请登录网上国网APP查看或联系您的客户经理

26.65% 尖峰时段(kWh) 45880　　24.62% 高峰时段(kWh) 42380　　0.00% 平时段(kWh) 0　　48.73% 低谷时段(kWh) 83880

交费渠道

 网上国网APP 您的随身管家　　 微信/支付宝 您可通过"国网浙江电力"微信公众号和支付宝生活号交纳电费。　　 银行卡 您可通过中国工行、农行、中国银行、建行等银行办理代扣和交纳电费业务。　　 营业厅 您可到附近的供电营业厅交纳电费（通过"网上国网"APP首页"服务网点"查找附近的营业厅）

温馨提示

◉ 1. 您可以登录网上国网APP获取电子电费账单；
◉ 2. 交纳电费后，您可以登录网上国网APP或者联系附近的供电营业厅获取电子发票；
◉ 3. 本账单仅供您作为用电对账参考，不作为催费使用，如您已交费，无需再次交费。

电费明细

图6-4　某工商业用户电费账单（正面）

110

1 上网电费

	计费电量 kWh	电价标准 元/kWh	电费 元
尖峰-零售交易电费	90490	1.0139	91747.81
峰-零售交易电费	83690	0.8135	68081.82
谷-零售交易电费	163050	0.119	19402.95
峰-零售季节性分时调整电费	83690	0.02	1673.80
谷-零售季节性分时调整电费	163050	-0.02	-3261.00
发用两侧电能电费偏差	337230	-0.02	-6744.60

批发侧分时交易均价：尖:0.99284 峰:0.79303 谷:0.10298 平:0.49775

上网电费 170900.78

2 上网环节线损费用

	计费电量 kWh	电价标准 元/kWh	电费 元
上网环节线损费用	337230	0.0206	6946.94

+ 上网环节线损费用 6946.94

3 输配电费

基本电费计收方式	月每千伏安用电量	计费数量 kVA(kW)	计费标准 元/kVA(kW)·月	电费 元
容量基本费		800	30.0	24000.00
零售输配电费		337230	0.126	42490.98

备注：
①月每千伏安用电量为用户所示全部计量点当月总用电量除以用户合同变压器容量；
②对于选择执行需量电价计费方式的两部制用户，每月千伏安用电量达到260千瓦时及以上的，该月需量电价按核定标准的90%执行

+ 输配电费 66490.98

4 系统运行费

	计费电量 kWh	电价标准 元/kWh	电费 元
系统运行费	337230	0.0375	12645.79

+ 系统运行费 12645.79

5 政府性基金及附加

	计费电量 kWh	电价标准 元/kWh	电费 元
政府性基金及附加	337230	0.029238	9859.94

+ 政府性基金及附加 9859.94

6 其他

	力调实际值	力调标准	参与力调金额	调整系数	电费 元
功率因数调整电费	0.97	0.9	244338.7	-0.0075	-1832.54

	计费电量 kWh	电价标准 元/kWh	电费 元
分次结算电费	-165090	0.759546	-125393.51

+ 其他 -127226.05

= 总电费（元） 139618.38

电量明细

电能表编号	电量类型	示数类型	起码	止码	倍率	抄见电量	损耗	计费电量
00010032146754	/	正向有功（总）	7141.9	7479.13	1000	337230		
00010032146754	/	正向有功（总）	7306.99	7141.9	1000	-165090		
00010032146754	/	正向有功（尖峰）	1460.58	1415.97	1000	-44610		
00010032146754	/	正向有功（尖峰）	1415.97	1506.46	1000	90490	0	90490
00010032146754	/	正向有功（峰）	2254.44	2338.13	1000	83690	0	83690
00010032146754	/	正向有功（峰）	2295.75	2254.44	1000	-41310		
00010032146754	/	正向有功（谷）	3471.48	3634.53	1000	163050	0	163050
00010032146754	/	正向有功（谷）	3550.65	3471.48	1000	-79170		
00010032146754	/	无功（Q1象限）	1609.03	1687.64	1000	78610		
00010032146754	/	无功（Q4象限）	0.07	.08	1000	10		

图6-5 某工商业用户电费账单（反面）

3. 缴费渠道

展示电网企业提供的多种缴费渠道，包括"网上国网"APP、微信、支付宝、银行和线下营业厅。

4. 电费明细

终次结算电费按照全月电量计算，并扣减分次结算电费。该用户全月有功总结算电量为337230kW·h，其中尖峰电量为90490kW·h，高峰电量为83690kW·h，低谷电量为163050kW·h；全月无功总结算电量为78620kW·h。

（1）上网电费

上网电费是指与发电侧相关的费用，包括零售交易电费、季节性分时调整电费、发用两侧电能电费偏差等。

①零售交易电费

零售交易电费是指该用户通过与售电公司签约购买零售套餐所应支付的结算电费。

根据该用户与售电公司签约的零售套餐信息（固定价格套餐：尖峰价格为1.0139元/千瓦·时，高峰价格为0.8135元/千瓦·时，低谷价格为0.119元/千瓦·时，未设置封顶价格），计算各时段结算电价，并进行限价与分时校验。

第一步，限价校验。

比较套餐价格与零售交易上、下限价格，如表6-1所示，可知该套餐价格满足限价要求。

表6-1 零售交易上、下限价格

单位：元/千瓦·时

	尖峰电价	高峰电价	低谷电价	电度电价（一口价）
上限	1.01517	0.82579	0.12211	0.50186
下限	0.67795	0.55170	0.08324	0.33574

第二步，分时校验。

根据浙江省发展改革委、浙江能源监管办、浙江省能源局《关于做好2023年度浙江省电力市场化交易相关工作的通知》的要求，在完成零售用户限价校验的基础上，电网企业按照《关于调整我省目录销售电价有关事项的通知》（浙发改价格〔2021〕377号）关于分时电价浮动比例的要求（如表6-2所示）校核，不符合的由电网企业按规定拆分计算。

该用户为10kV大工业用户，尖峰电价上浮比例为76%，高峰电价上浮比例为47%，低谷电价下浮比例为53%。具体校验方法如下：

$$\frac{P_{尖峰到户价格}}{P_{低谷到户价格}} = \frac{1.0139+0.0206+0.126+0.029238}{0.119+0.0206+0.126+0.029238} = 4.04 \quad \text{（式6-1）}$$

$$\frac{1+76\%}{1-53\%}=3.74 \qquad \text{(式 6-2)}$$

表 6-2 分时电价浮动比例的要求

用电分类	电压等级	分时电价浮动比例（%）		
		尖峰电价上浮	高峰电价上浮	低谷电价下浮
大工业用电	1~10 千伏	76	47	53
	20 千伏	78	48	54
	35 千伏	79	48	55
	110 千伏	80	49	57
	220 千伏及以上	81	50	58
一般工商业及其他用电	不满 1 千伏	73	29	46
	1~10 千伏	75	30	47
	20 千伏	76	30	48
	35 千伏及以上	76	31	48

$$\frac{P_{高峰到户价格}}{P_{低谷到户价格}}=\frac{0.8135+0.0206+0.126+0.029238}{0.119+0.0206+0.126+0.029238}=3.36 \qquad \text{(式 6-3)}$$

$$\frac{1+47\%}{1-53\%}=3.13 \qquad \text{(式 6-4)}$$

由于 4.04 > 3.74，3.36 > 3.13，符合峰谷分时浮动比例要求，故零售交易电费计算时采用套餐价格即可。

尖峰零售交易电费 = 全月尖峰电量 × 套餐尖峰价格 =90490 × 1.0139=91747.81 元

高峰零售交易电费 = 全月高峰电量 × 套餐高峰价格 =83690 × 0.8135=68081.82 元

低谷零售交易电费 = 全月低谷电量 × 套餐低谷价格 =163050 × 0.119=19402.95 元

②季节性分时调整电费

季节性分时调整电费是指根据政策文件，夏季 7、8 月份，大工业高峰电价在其他月份高峰电价基础上提高 2 分，低谷电价在其他电价低谷电价基础上降低 2 分，引导用户削峰填谷。

峰 – 季节性分时调整电费 = 全月高峰电量 ×0.02=83690 × 0.02=1673.80 元

谷 – 季节性分时调整电费 = 全月低谷电量 ×（−0.02）=163050 ×（−0.02）=−3261.00 元

③发用两侧电能电费偏差

发用两侧电能电费偏差是指由于发用两侧超发（用）、欠发（用）等电能电费结算方式不同而产生的工商业用户侧购电成本与发电侧结算电费之间的偏差。

发用两侧电能电费偏差 = 全月结算电量 ×7月折价 =337230×（−0.02）=−6744.6元

上网电费合计 = 零售交易电费 + 季节性分时调整电费 + 发用两侧电能电费偏差 = 91747.81+68081.82+19402.95+1673.80+（−3261.00）+（−6744.6）=170900.78元

（2）上网环节线损费用

上网环节线损费用是指电能从发电厂传输到电力用户过程中产生的电能损耗而对应产生的费用。

如图6-6所示，7月上网环节线损费用折价为0.0206元/千瓦·时，上网环节线损费用 = 全月结算电量 × 上网环节线损折价 =337230×0.0206=6946.94元。

国网浙江省电力有限公司代理购电价格表

（执行时间：2023年7月1日-2023年7月31日）

单位：亿千瓦时，元/千瓦时

名称	序号	明细	计算关系	数值
电量（亿千瓦时）	1	工商业代理购电量	1=2+3	105.1
	2	未直接参与市场形成交易价格的上网电量	2	105.1
	3	直接参与市场形成交易价格的上网电量	3	0
电价（元/千瓦时）		1-10（20）千伏及以上工商业用户		
	4	代理购电交易价格	4	0.5016
	5	上网环节线损费用	5	0.0206
	6	系统运行费用	6	0.0375
		不满1千伏工商业用户		
	7	代理购电交易价格	7	0.5006
	8	上网环节线损费用	8	0.0206
	9	系统运行费用	9	0.0281

注：上网环节线损费用、系统运行费用提前发布，直接参与市场交易用户、兜底售电用户与代理购电用户执行相同折价标准。

图6-6 7月代理购电价格表

（3）输配电费

输配电费是指按国家核定标准向电网企业支付的费用，用于保障电网必要的投资、建设及运维，包括输配电量电费和输配容（需）量电费。

根据第三监管周期浙江电网输配电价表，如表6-3所示，10kV两部制用户电量电价为0.126元/千瓦·时，容量电价为30元/千伏安·月，计算输配电费如下。

①输配电量电费

输配电量电费 = 全月结算电量 × 电量电价 =337230×0.126=42490.98元

②输配容（需）量电费

输配容（需）量电费，也就是基本电费，分为按容量和按需量，该用户为按容量计收。

输配容（需）量电费 = 运行容量 × 容量电价 =800×30=24000.00元

输配电费合计 = 输配电量电费 + 输配容（需）量电费 =42490.98+24000.00= 66490.98 元

表 6-3 第三监管周期浙江电网输配电价表

用电分类		电量电价（元/千瓦时）					容（需）量电价							
							需量电价（元/千伏·月）				容量电价（元/千伏安·月）			
		不满 1千伏	1~10(20) 千伏	35千伏	110千伏	220千伏 及以上	1~10 (20) 千伏	35千伏	110千伏	220千伏 及以上	1~10 (20) 千伏	35千伏	110千伏	220千伏 及以上
工商业 用电	单一制	0.2452	0.2144	0.1770										
	两部制		0.1260	0.0955	0.0791	0.0688	48.0	44.8	41.6	38.3	30.0	28.0	26.0	24.0

注：1. 表中各电价含增值税、区域电网容量电费、对居民和农业用户的基期交叉补贴，不含政府性基金及附加、上网环节线损费用、抽水蓄能容量电费。
2. 原包含在输配电价内的上网环节线损费用在输配电价外单列，上网环节综合线损率为 3.53%。
3. 原包含在输配电价内的抽水蓄能容量电费在输配电价外单列，第三监管周期各年度容量电费分别为 22.77 亿元、19.70 亿元和 19.70 亿元（含税）。
4. 工商业用户执行上述输配电价表，居民生活、农业生产用电继续执行现行目录销售电价政策。

（4）系统运行费

系统运行费主要是指用于保障电力系统安全稳定运行、支持新型电力系统建设，暂不纳入上网电价和输配电价，应由用户承担的费用，包括居民农业电价的交叉补贴新增损益、抽水蓄能相关费用、天然气容量电费、辅助服务费用、分时电价损益、代理特殊用户增收费用等。

如图 6-6 所示，7 月系统运行费折价为 0.0375 元/千瓦·时，包括辅助服务费用 0.000001 元/千瓦·时、抽水蓄能电站容量电费 0.0063 元/千瓦·时、居民农业交叉补贴新增损益 0.0174 元/千瓦·时、执行分时电价损益 0.0044 元/千瓦·时、代理特殊用户增收费用 –0.000002 元/千瓦·时、天然气发电容量电费 0.0094 元/千瓦·时。

系统运行费 = 全月结算电量 × 系统运行费分项合计 =337230×（0.000001+ 0.0063+0.0174+0.0044+（–0.000002）+0.0094）=12645.79 元

（5）政府性基金及附加

政府性基金及附加是由国家和省级政府依据法律法规等规定，向工商业用户征收的具有专项用途的财政资金，由电网企业随电费收取并上缴财政，包括国家重大水利工程建设基金、大中型水库移民后期扶持基金、可再生能源电价附加等，如图 6-7 所示。

政府性基金及附加 = 全月结算电量 × 政府性基金及附加分项合计 =337230× （0.004038+0.0062+0.019）=9859.93 元（营销系统按照尖、峰、谷分别分项计算四舍五入后相加，费用合计为 9859.94 元）

（6）其他

主要是电网企业依据国家政策一直以来实际在收取但无法纳入 5 项电价构成中的

费用，包括功率因数调整电费、分次结算电费等。

国网浙江省电力有限公司代理购电工商业用户电价表
（执行时间：2023年7月1日-2023年7月31日）

用电分类		电压等级	电度用电价格（元/千瓦时）	其中					分时电度用电价格（元/千瓦时）			容（需）量用电价格	
				代理购电交易价格	上网环节线损费用	输配电价	系统运行费用	政府性基金及附加	尖峰时段	高峰时段	低谷时段	最大需量（元/千瓦·月）	变压器容量（元/千伏安·月）
两部制	大工业用电	1~10(20)千伏	0.7149	0.5016	0.0206	0.1260	0.0375	0.0292	1.2583	1.0710	0.3160	48.0	30.0
		35千伏	0.6844	0.5016	0.0206	0.0955	0.0375	0.0292	1.2251	1.0330	0.2880	44.8	28.0
		110千伏	0.6680	0.5016	0.0206	0.0791	0.0375	0.0292	1.2025	1.0154	0.2673	41.6	26.0
		220千伏及以上	0.6577	0.5016	0.0206	0.0688	0.0375	0.0292	1.1905	1.0066	0.2563	38.3	24.0
	一般工商业用电	1~10(20)千伏	0.7149	0.5016	0.0206	0.1260	0.0375	0.0292	1.2511	0.9294	0.3789	48.0	30.0
		35千伏	0.6844	0.5016	0.0206	0.0955	0.0375	0.0292	1.2046	0.8966	0.3559	44.8	28.0
		110千伏	0.6680	0.5016	0.0206	0.0791	0.0375	0.0292	1.1757	0.8751	0.3474	41.6	26.0
		220千伏及以上	0.6577	0.5016	0.0206	0.0688	0.0375	0.0292	1.1576	0.8616	0.3420	38.3	24.0
单一制	一般工商业用电	不满1千伏	0.8237	0.5006	0.0206	0.2452	0.0281	0.0292	1.4251	1.0626	0.4448		
		1~10(20)千伏	0.8033	0.5016	0.0206	0.2144	0.0375	0.0292	1.4058	1.0443	0.4258		
		35千伏及以上	0.7659	0.5016	0.0206	0.1770	0.0375	0.0292	1.3481	1.0034	0.3983		

注 1.电网企业代理购电用户电价由代理购电交易价格、上网环节线损费用、输配电价、系统运行费用、政府性基金及附加组成。其中输配电价由上表所列的电度输配电价、容（需）量电价构成，按照国家核定标准执行；基金及附加标准（分/每千瓦时）：国家重大水利建设基金0.403875分、大中型水库移民扶持基金0.62分、可再生能源附加1.9分。
2.不满1千伏两部制工商业用户代理购电交易价格参照不满1千伏单一制工商业用户代理购电交易价格执行，其输配电价参照1-10（20）千伏两部制工商业用户输配电价执行，其分时电价浮动比例参照1-10（20）千伏两部制工商业用户分时电价浮动比例执行。
3.7、8月，大工业高峰电价在高峰电价上浮比例上再相应提高2分，低谷电价在低谷电价下降比例基础上再相应降低2分。

图 6-7　7月代理购电价格表

①功率因数调整电费

根据《功率因数调整电费办法》（国家物价局〔83〕水电财字215号），该用户为800kVA大工业用户，执行功率因数考核，考核标准为0.9，根据全月有功总电量和无功总电量，计算实际力调值。全月有功总电量为337230kW·h，无功总电量为78620kW·h。

$$\cos\varphi = \frac{有功总电量}{\sqrt{有功总电量^2 + 无功总电量^2}} = \frac{337230}{\sqrt{337230^2 + 78620^2}} = 0.97 \quad （式6-5）$$

因此力调系数为 −0.0075。

功率因数调整电费＝参与力调电费金额×力调系数＝（170900.78+6946.94+42490.98+24000）×（−0.0075）=−1832.54 元。

②分次结算电费

该用户为分次结算用户，本次为终次结算电费，需要扣减分次结算电费125393.51元。

其他电费合计=−1832.54+（−125393.51）=−127226.05 元。

该用户7月终次总电费＝上网电费+上网环节线损费用+输配电费+系统运行费+政府性基金及附加+其他=170900.78+6946.94+66490.98+12645.79+9859.94−127226.05=139618.38 元。

5. 电量明细

电量明细展示本次抄表信息，包括用户电能表抄表起止码、抄表电量、损耗电量和计费电量。该用户为高供高计用户，损耗电量为0，计费电量即为抄表电量。

第二节　电费电子发票

电子发票是信息时代发票形态及服务管理方式变革的新产物，在降低能源消耗、提升经济效益、优化客户体验方面具有重要意义。国家电网公司积极响应党中央、国务院关于降低市场运行成本、提高运行效率、优化电力营商环境的政策，发挥大国重器示范引领作用，大力推广电费发票电子化应用，满足现代电费结算体系需求，服务人民美好生活，助力实现绿色可持续发展。

一、推广背景及意义

（一）推广背景

为适应经济社会发展和税收现代化建设需要，2012年国家发改委出台《关于组织开展国家电子商务示范城市电子商务试点专项的通知》，重点支持税务部门确定的服务机构和电子商务企业，共同建设网络（电子）发票系统，以及相关网络（电子）发票管理与服务平台，致力于解决纸质发票难以适应电子商务用户维权、税收征管等方面实际需要的问题。

2015年北京、上海、浙江以及深圳增值税电子发票试点运行，2016年全国全面推行增值税电子发票系统开具增值税电子普通发票（以下简称"电子普票"）。电子普票推行后，因开具便捷、保管便利、查验及时、节约成本等优点，受到越来越多的纳税人欢迎。

为深化税收领域"放管服"改革，加快电子发票推广应用，国家税务总局进一步明确发票电子化改革的实施进程，2020年对新办纳税人逐步试点实行专票电子化。2021年在内蒙古、上海和广东（不含深圳）三个地区试点推行全面数字化的电子发票（以下简称"数电票"）。

近年来，我国对电子发票的探索一直未停下脚步。电子发票在促进经济发展、方便百姓生活、改善民生、提高政府管理与服务能力等方面均取得明显成效，是国家科技兴国对政务管理水平尤其是财务管理水平提升的重要体现。电子发票代替纸质发票是时代发展的必然趋势。

（二）发展历程

2012年5月8日，国家发展改革委办公厅出台《关于组织开展国家电子商务示范城市电子商务试点专项的通知》（发改办高技〔2012〕1137号），由国家税务总局牵头，会同财政部组织有关示范城市组织开展网络（电子）发票试点工作。

2015年7月9日，国家税务总局下发《关于开展增值税发票系统升级版电子发票试运行工作有关问题的通知》（税总函〔2015〕373号），决定开展增值税发票系统升级版电子发票试运行工作。

2015年11月26日，国家税务总局发布《关于推行通过增值税电子发票系统开具的增值税电子普通发票有关问题的公告》〔国家税务总局公告（2015）第84号〕，自2016年1月1日起，在全国范围内推行使用增值税电子普票系统开具电子普票，其他开具电子发票的系统同时停止使用。

2016年9月，山东威海公司开具国家电网公司第一张电子普票。2018年8月，国家电网有限公司全面推广应用电费、业务费电子普票。

2018年4月2日，国网营销部下发《关于全面推广应用客户电费电子发票业务的通知》（营销营业〔2018〕16号），决定全面推广应用电费电子发票业务。2018年8月国网数科控股公司全面建成电子发票服务系统，实现公司系统电费、业务费电子普票全网应用。

2020年12月20日，国家税务总局发布《关于在新办纳税人中实行增值税专用发票电子化有关事项的公告》（国家税务总局公告2020年第22号），明确自2020年12月21日起，在天津、河北等11个地区的新办纳税人中实行专票电子化，受票方范围为全国。其中，宁波、石家庄和杭州等3个地区前期已试点纳税人开具增值税电子专用发票（以下简称"电子专票"）的受票方范围扩至全国。自2021年1月21日起，在北京、山西、内蒙古等25个地区的新办纳税人中实行专票电子化，受票方范围为全国，加大推广使用电子发票的力度。

2021年国网公司启动电子专票试点应用，分批次完成功能上线及业务验证工作，确保全面推广上线稳定运行。10月，浙江杭州公司开具国家电网有限公司第一张电子专票。

2021年3月24日，中共中央办公厅国务院办公厅印发《关于进一步深化税收征管改革的意见》，国家税务总局正式启动数电票试点工作。自2021年12月1日起，国家税务总局在内蒙古、上海和广东（不含深圳）三个地区启动数电票试点，开始推行数电票。2023年2月，四川公司开具国家电网公司第一张数电票，标志着国家电网公司发票电子化征程成功迈出新台阶。

2023年2月6日，国家档案局办公室、财政部办公厅、商务部办公厅、国家税务总局办公厅联合印发《电子发票全流程电子化管理指南》，总结三批增值税电子发票电子化报销、入账、归档试点经验，进一步推进电子发票应用和推广实施，助力国家数字经济发展。

（三）推广意义

1. 满足国家税务数字化改革需要

为贯彻落实《国家税务总局关于推行通过增值税电子发票系统开具的增值税电子

普通发票有关问题的公告》[国家税务总局公告（2015）第 84 号]、《国家税务总局关于在新办纳税人中实行增值税专用发票电子化有关事项的公告》（国家税务总局公告 2020 年第 22 号）、《关于进一步深化税收征管改革的意见》等文件要求，进一步深化"互联网+"在电力营销中的应用，提高供电服务质量和效率，电费发票电子化推广是公司响应国家税务数字化改革号召的体现，也是大力推进数字化改革的标志。

2. 满足税收现代化管理提升需要

现阶段我国采用"以票管税"的税收征管方式，纳税人在生产经营过程中的收付款活动都要使用增值税发票。但纸质票据信息无法实现线上实时传递，手工开票过程中人工干预成分较多，存在人为篡改开票信息、企业虚开、漏开发票等风险。而在全面推行增值税电子发票后，税务部门可通过电子发票系统及时、完整、准确地对电费发票信息进行采集，对纳税人实际的经营信息实施实时监控，有效解决物资流、资金流、信息流相互脱节的问题，提高电费发票信息真实性，有利于实现税收管理的现代化。

3. 满足绿色无纸化转型发展需要

电子电费发票可通过短信、邮箱、微信等线上渠道传送，节约纸质发票打印、存储、传递等环节的资源消耗，提高电费发票管理效益，体现绿色环保的现代化办公理念。同时随着电子发票的推广与广泛使用，通过税务局开票系统的大数据集成，将促进商品流转及增值过程中的全链条、全寿命周期追踪与监督，进而加速从开票、收票、做账、对账、报表、报税到会计档案的财务核算全流程电子化进程，有利于实现公司财务无纸化管理。

4. 满足优化电力营商环境需要

纳税人在全面推行增值税电子发票之后，可线上进行增值税发票的开具、查询、上传等工作，免去来回往返税务部门的时间，同时税务部门节省了增值税发票的印刷、缴销等工作，提高税收征管工作效率。电费发票交互模式发生转变，发票"即开即送"，从根本上解决电费发票遗失的风险，真正实现"数据多走路，客户少走路、一次都不跑"，大幅提升客户报销及与电费发票相关的财务处理效率，切实提升客户满意度，优化电力营商环境。

二、前期准备工作

各地电网企业应推进电子发票全面应用，在税务部门明确的数电票试点地区，可开展数电票试点工作；未开展数电票试点的单位，应尽快拓展电子普票和电子专票应用范围，实现公司电费发票电子化全面覆盖。

（一）发票开具情况摸底

各供电公司开展增值税发票开具情况的摸底调研，了解电力用户增值税普通发票和增值税专用发票的实际应用情况，结合开展分析评估，提出研判推广过程中可能遇到的难点和痛点，研究制定实施细则及推广计划。

（二）争取政府政策支持

各公司主动向属地税务管理等相关部门沟通汇报，扫清电子发票业务推广障碍。一是通过政府机构出台文件、会议纪要等方式，对电子发票使用场景做出规定和要求，明确电子发票业务的必要性与合法性，提高用户对电子发票的接受和认可程度；二是主动协同属地税务管理等相关部门商讨电子发票业务流程、操作规范，对企业使用电子发票进行报销、入账、归档等账务处理的细节做出相应的规定，针对重点、难点、痛点问题提出意见和建议，为用户提供更加便利的电子发票使用环境；三是主动与属地税务管理等相关部门沟通，对系统等软硬件支持进行协商，推进电子发票全面应用。

（三）获取电票开具资格

1. 电子普票

各公司依据国家税务总局发布的《关于推行通过增值税电子发票系统开具的增值税电子普通发票有关问题的公告》（国家税务总局公告2015年第84号），推广应用增值税发票系统开具增值税电子普通发票。

2. 电子专票

各公司经属地税务部门确认为新办纳税人的，应根据《国家税务总局关于在新办纳税人中实行增值税专用发票电子化有关事项的公告》（国家税务总局公告2020年第22号），由财务人员向属地税务部门申请增值税电子专用发票开票资格。若经确认不属于新办纳税人，按照对存量用户"定向封闭"管理要求，根据《国家电网有限公司可开具增值税电子专用发票法人会计主体名单》，各省公司向管辖区域内《受票方试点单位会计主体名单》中的企业开具电子专票。

（四）做好硬件配置准备

硬件主要是对服务器建设和税务部门发票税控设备（Ukey、金税盘、核心板、税控钥匙等）的配置。各省公司测算月开票量，预估虚拟机内存和容量，采购满足业务需求的服务器；同时根据开票业务量向属地税务部门申请相应容量的税控设备（Ukey、金税盘、核心板、税控钥匙等），并根据本书第五章内容，完成硬件配置，提前做好调试验证。

三、推广工作流程

电子发票的推广工作内容涉及财务、营销、信通等多个部门，包括资格申请、系统端配套改造及优化、平台接口调试、发票申领分发、培训宣传、舆情管控、功能迭代及总结提升等。推广工作流程如图6-8所示。

（一）对接税务、启动实施

属地财务部与税务部门对接电子发票相关事宜，启动电子发票业务，办理资格申请手续，具体要求如下。

1. 电子普票手续

财务人员向属地税务部门申请电子普票开票资格，在税控钥匙中增加电子普票票种及开票限额，注意限额要与增值税纸质发票限额一致，增加成功后在属地税务部门或者电子税务局进行读票。

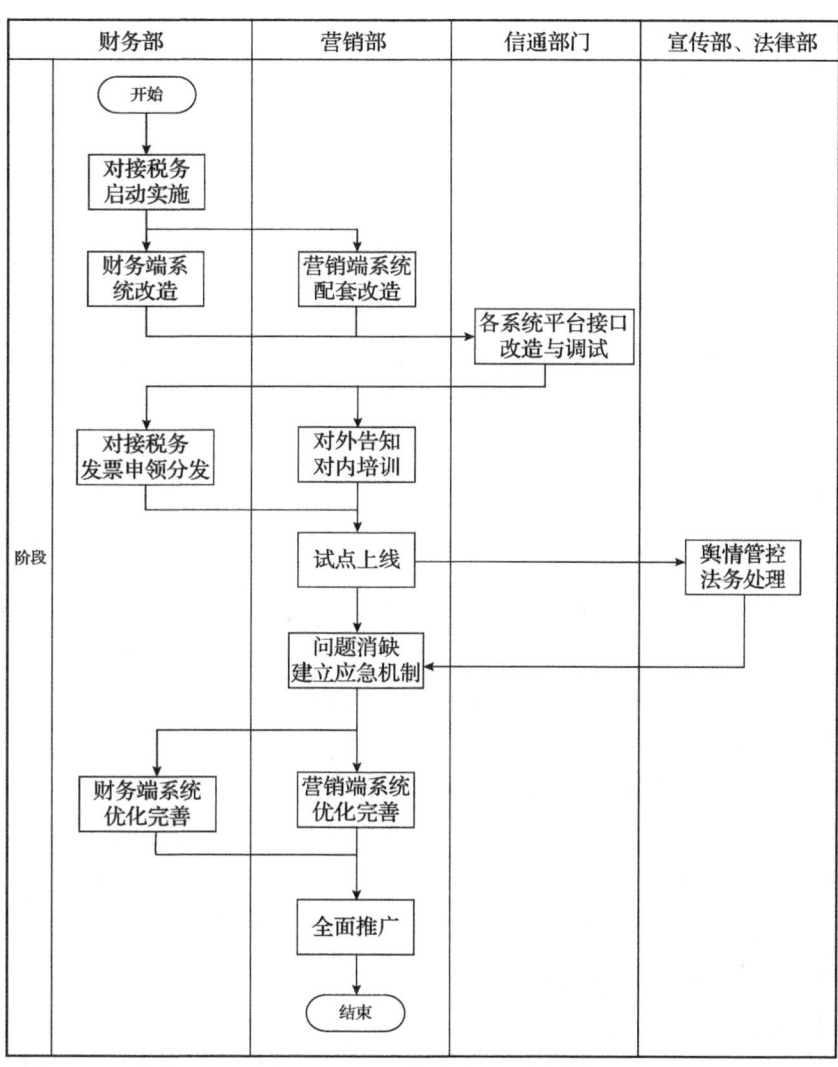

图 6-8 电子发票推广工作流程图

2. 电子专票手续

财务人员依据《国家电网有限公司可开具电子专票法人会计主体名单》，向属地税务部门申请本单位开票权限，填报《税务行政许可申请表》《增值税专用发票最高开票限额申请单》与《票种核定表》，在税控设备（Ukey、金税盘、核心板、税控钥匙等）中增加电子专票票种及开票限额，注意限额要与增值税纸质发票限额一致。

（二）系统改造、接口联调

资格申请完成后，财务部与营销部同步开展财务端、营销端系统的配套改造，以及与"网上国网"APP接口改造工作，同时信通部门开展电子发票相关系统功能改造，包括营销系统、财务管控系统、税控系统、电子发票平台、"网上国网"APP等，完成各系统间接口及功能调试后，建立贯通信息内网、税务局、"网上国网"APP等之间的网络通道，实现电费发票在营销系统开具、打印和管理等操作。

（三）发票申领、线上分发

在系统改造、接口调试完成，已经具备试点上线条件后，财务人员登录电子税务局网站进行领票操作，经税务局审核通过后，发票申领至公司名下，利用税控设备（Ukey、金税盘、核心板、税控钥匙等）在增值税发票开票软件进行认领及开票。针对电子专票，部分税务局要求企业只能在增值税电子专票和纸质专票二选一，建议向税务局领用两种票种，解决部分用户不愿意接受电子专票的情况。

属地财务人员在增值税发票开票软件完成电子发票票源分发，税控设备（金税盘、Ukey、核心板、税控钥匙）与营销系统相关联，营销人员在营销系统点击"开票"后，增值税发票开票软件自动完成开票，无须人工干涉，完成开票闭环。

（四）对外告知、对内培训

在满足上线条件的情况下，属地营销部门应组织制定电子发票推广方案，明确推广要求。开展电子发票专项培训，并启动用户宣传告知工作，具体要求如下：

在对内培训方面，要求营业厅、客户经理等一线人员全员培训，熟练掌握电子发票业务功能和系统操作技巧，了解上线后电子发票推广应用工作的具体要求和时间节点，做好客户指导工作。

在对外告知方面，属地营销部门制定宣传方案，明确告知客户范围，编制对外公告模板、宣传折页、宣传手册、微信推文、短信公告等，制定常见问题回复模板、培训资料及操作手册，并修改客户应答知识库（95598知识库）。联合财务部建立协同沟通机制，由财务部配合做好税务相关问题的解答，对不符合国家及公司规定的发票使用、管理事项提出整改意见并督办整改。

（五）试点先行、分批上线

培训宣贯前，属地营销部门结合系统实用化能力及电子发票上量规模等因素确定试点单位，明确上线时间并落实人员归口处置因电子发票引起的有关问题。建立"省—市—县"三级联动应急处理响应机制并建立微信联络群，做好舆论导向和舆情处置工作，对于实施过程中出现的重要问题，应第一时间向上级部门汇报，确保上下级联络畅通。

（六）丰富渠道、优化服务

用户在结清当月电费后可通过多种渠道开具、下载电子发票，减轻柜台服务压力，提升发票交付效率和便捷度。一是登录"网上国网"APP、电 e 宝、电费网银、95598 网站、支付宝生活号、微信公众号等渠道自主开具、获取电子发票；二是在缴费凭证上增加开票条形码，方便客户在自助开票机上自助扫码开票；三是在客户完成缴费操作后弹窗开票二维码，具体可以在柜台面向客户的智能屏、自助缴费机、线上渠道弹窗，方便客户在缴费后实时下载获取发票；四是通过邮箱订阅或短信订阅、定期向客户发送电子发票；五是业务人员将营销系统中已开具成功的电子发票通过"网上国网"APP、短信、邮箱、微信公众号、支付宝生活号等渠道将下载链接发送给客户。

（七）问题消缺、防范舆情

试点上线后，属地营销部门定期开展分析例会，建立客户诉求应急处理机制，确保系统上线过渡期内和系统上线后及时处理各类系统功能缺陷，完善客户基础信息，对发票无法获取等情况及时应对，提升用户体验。同时宣传部、法律部等专业部门做好内外部宣传、舆情管控和法务相关事务。各部门及人员须严格按法律法规开具发票，对违反法律法规造成的后果承担相应的责任。

（八）总结经验、全面推广

及时归纳总结推广成效，形成推广工作标准化流程、推广注意事项及常见问题解答等指导手册，为全面推广形成经验参考。按照"分步推广、稳妥有序"原则，结合试点单位应用情况，适时在符合电子发票业务开展资格的单位中全面推广增值税电子发票，持续跟踪管控，巩固工作成果，确保取得实效。

四、电子发票类型及业务场景

电子发票包括电子普票、增值税电子专用发票（以下简称"电子专票"）、数电票等，其法律效力、基本用途等与纸质发票相同。电子普票版式文件为 PDF 格式，电子专票版式文件为 OFD 格式，数电票文件格式为数字电文形式（XML）。

电子发票常见的业务场景有：增值税信息维护、单户开票、批量开票、合并开票、拆分开票、未结清开票、冲红、电子发票订阅人维护等。

（一）增值税信息维护

新装或变更业务申请时，对发票类型进行选择、增值税信息进行维护的功能。

①线下受理新装业务时，应在增值税信息界面选择票据类型及增值税信息维护。同一个客户沿用原有增值税信息。

②线上新装业务申请时，在"发票信息"处进行发票类型的选择及增值税信息维护。

③单独受理"增值税信息维护"流程时，在键入对应的客户编号或用电户号，点击"保存"后，在上标签页选择增值税信息维护。此处可更改增值税信息，也可更改票据类型。

（二）电子发票开具

窗口人员或账务人员权限中"营业厅票据服务"界面选择电费发票，供电单位（可选择包含下级，也可直接选择对应单位），确认发票类型，选择开票模式和应收年月后查询勾选所需生成的电费数据，点击"电子发票生成"即可生成电子发票。生成发票时注意结清标志，如电费未结清用户，点击"生成"会提示存在未结清费用。

1. 单户开票

单个客户在结清某月电费后，可申请开具该月电子发票的功能，需选择开票模式为"单开"并输入户号进行精准查询。

2. 批量开票

同一供电单位下的客户在结清电费后，可一次性开具多张电子发票的功能。仅选择供电单位，不输入具体户号，选择开票模式仍为"单开"。

3. 合并开票

同一合同账户下的多个客户均结清电费后，申请开具一张发票的功能。选择编号类型为"合同账户编号"，选择开票模式为"合并"。

4. 拆分开票

一个客户的一笔电费金额拆分成多笔，每一笔都对应同一客户，分别开具发票的功能。

5. 未结清开票

为部分未结清电费的特殊客户提供的，申请开具电子发票的功能；选择结清方式为"未结清"或"部分结清"。对未结清电费用户提前申请"特定开票申请"流程，由业务受理员发起，营业厅主管和营销部主任审批。

6. 发票冲红

将开具有误的电子发票进行作废并冲红处理的功能。输入相应信息点击"查询"后，勾选需要冲红的数据，选择申请理由，注意不要选择错误的申请理由。点击"冲红申请"，申请成功后再点击"冲红"即可完成冲红操作。系统会将红字发票以短信的方式推送给客户。如需撤销冲红申请，可点击"冲红"申请撤销选项。下载可以打印纸质发票。

（三）电子发票订阅人维护

对电子发票短信或邮箱接收人进行维护的功能。

①增加及变更短信订阅人路径：服务体验管理/增值服务/订阅服务/营业厅受理。

②短信订阅发送查询：360视图订阅记录或者服务体验管理/服务体验管理综合查询/订阅发送记录查询。

③短信订阅应在已维护的用户联系人中选择，新增用电联系人的权限在各片区低压班班长。

五、数字化电子发票推广

2021年3月，中办、国办联合发布《关于进一步深化税收征管改革的意见》，国家税务总局启动数电票试点工作，要求在2025年基本实现发票全领域、全环节、全要素电子化。截至2023年3月，数电票的开具试点已有16个省、自治区、直辖市和计划单列市；数电票受票范围为全国，纳税人不需要单独申请。数电票的应用将从发票的开具、流转、签收、用途确认、申报等方面实现全流程的数字化管控，着力降低制度性交易成本，优化营商环境，助力降本增效。

（一）推广优势

相较于电子发票，数电票不用介质支撑，无须申请、领用，实行全国统一赋码、自动流转交付，具有便捷开票、自动查验、集中管理、智能风控等优势，在发票的开具、流转、签收、用途确认、申报等方面实现全领域、全环节、全要素管控，提升业务流转效率。

数电票有去版式、去介质、标签化、要素化、授信制、赋码制六大主要特点：

①去版式：数电票交付文件有XML格式或PDF、OFD格式，可根据需要由交付方自行选择。

②去介质：以数字证书取代目前的UKey、金税盘、核心板、税控钥匙等专用税控设备。

③标签化：通过标签实现对数电票功能、状态、用途分类。

④要素化：包括纳税人名称、商品名称及代码、单价、金额、税额等要素。

⑤授信制：结合纳税人生产经营、开票和申报行为自动为纳税人赋予发票开具金额总额度并动态调整，取消开票限额与领票份数的约束。

⑥赋码制：发票信息生成后，系统自动分配唯一的发票号码，取消发票代码、校验码、发票密码区、购销方地址、银行信息、收款人、复核人等信息。

（二）技术路径

相较于电子发票平台，数电票服务平台直连接入税务局乐企数字开放平台，实现"税企直连"，不再依赖税控设备，显著提升开票效率，降低系统运维成本；数电票服务平台为营销系统设计了更加丰富的服务，满足营销发票信用额度查询、税率查询、红字确认单管理等多种发票管理需求。

1. 建设前期准备

各地电网企业向当地税务部门申请移出数电票灰名单，进行数电票票种核定，使公司具备数电票开具资格。根据现有业务开票量、发票应用场景、结合数电票去介质、授信制等特点，综合考虑进行系统的服务器资源需求的评估和申请。

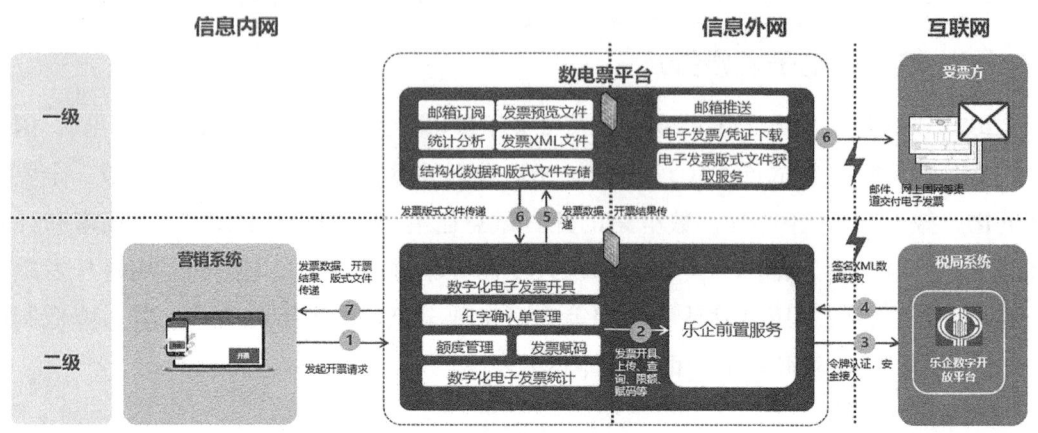

图6-9 数电票平台链路图

2. 传输通道打通

建立数电票平台，接入税务局乐企平台实现税企直连，发票开具不再经过税控系统，可显著提升开票效率。

3. 系统集成改造

营销系统保持与电子发票平台已有的对接模式，现有的发票开具、冲红、红字信息表管理、票源管理、查询统计等功能接口保持不变，流程保持不变。新增数电票开具、冲红、红字确认单管理、查询统计、版式文件生成、预赋码管理、授信额度管理、纳税人基本信息展示等功能接口。

4. 线上渠道升级

开展"网上国网"APP、电e宝、电费网银、95598网站、微信公众号、支付宝生活号等线上服务渠道电子发票功能的升级，使各渠道具备数字化发票的开具、发票详情、邮箱推送、版式文件、发票预览等功能。

5. 发票额度管理

税务局根据公司历史开票数据、公司信用风险情况综合分析给出公司授信额度，业务管理人员可在数电票系统中查询、下载、退回信用额度。

6. 数电发票推送

根据业务需求，可提供XML数据电文及自行生成的PFD、OFD版式（不含签章及签名）等多种格式文件，通过税务数字账户、邮箱、短信、微信、"网上国网"APP、95598网站、综合服务平台等多种渠道便利推送数电票。

（三）开具方式

根据电力用户典型应用场景，数电票的开具方式可分为手动开票、自动开票两种。

1. 手动开票

用户在营业厅办理开票业务，由业务人员在营销系统发起开票申请、开具成功后以邮件或短信的方式将发票交付文件推送给客户；用户也可在"网上国网"APP、电费网银等渠道自助发起发票开具申请，开具成功后可在各渠道下载发票交付文件。

2. 自动开票

当用户结清电费后，营销系统将自动发起开票申请，已开具的发票版式文件保存在系统中，并根据前期与客户约定的发票接收方式触达客户，用户可选择登录"网上国网"APP、电费网银等渠道进行发票的下载，也可通过电子邮件、短信查收发票，不再需要开票人员手工触发开票。此场景适用开票需求强、票量大的用户群体。

六、注意事项

1. 开票后，用户在税务网站查询显示未开票如何处理？

答：由于营销系统短信发送是实时的，而税务开票系统将发票回传需要一定时间，故遇到用户短信链接打不开或税务网站查询显示未开票，请用户过一段时间再查看，若还是无法查到，应联系二级发票平台技术人员排查问题。

2. 已开具纸质发票，想变更为电子发票该如何处理？

答：先对原纸质发票冲红或作废，再将票据类型修改为"增值税电子专用发票"或"增值税电子普通发票"后开具电子发票。

3. 业务费电子专票是否可以开具？

答：目前程序支持，可以开具。

4. 电子发票与纸质专票的号段是否有关系？是否还需分发？

答：电子发票与纸质发票的号段无关联关系；电子发票不在营销系统做入库分发的操作，需要财务人员向税控系统领用，分为自动领（每天晚上执行），手工领。

5. 客户如何订阅电子发票？

答：电子发票上线后，对于存量用户，营销系统后台可批量添加电子发票短信或邮箱接收人，目前营销系统电子发票用户后台添加短信订阅获取规则为：先取电费电量短信订阅人，如未订阅的按照"账务联系人 – 电气联系人 – 法人联系人"的优先级（优先级顺序各地可按需修改）对增值税电子专票项目进行订阅维护，仅且维护一条记录，如果同一联系人类型存在多条记录，那么随机获取一条记录。

新增用户可前往营业厅或者"网上国网"APP、95598网站、微信公众号等自有渠道申请短信或邮箱订阅，工作人员受理客户订阅申请后，通过营销系统订阅服务功能进行设置。

6. 短信发送后如用户说未收到，如何重新推送短信？

答：用户如果订阅了电子发票短信推送，在营销系统相关功能界面中，查找到需要推送的数据，选中点击"短信发送"即可。

7. 如何更新电子发票短信接收人联系电话，能否实时？

答：如果该用户的联系人信息在系统里已经存档，则可直接通过订阅服务功能进行修改；如果未存档，请先维护用户联系人信息，再通过订阅服务功能进行修改。归档后实时发送。

第七章 智能催费业务

智能催费业务是指借助于信息通信技术，通过远程实时费控、营销业务应用、用电信息采集等系统及手机短信、语音电话等互动平台，采集智能电能表信息，进行电费测算，远程下达电费预警、停复电等指令及信息，实现可用电费余额自动测算、余额信息自动预警、停复电指令远程发送的一种催费业务。

第一节 智能语音催费业务

智能语音催费是指通过智能机器人自动发起语音催费的新型催收模式。

一、智能语音催费

转变人工催费模式，基于人工智能与语音转换技术，通过能源互联网营销服务系统中的客户欠费清单自动生成语音催费任务，运用 AI 智能语音在发行日 + 固定天数开展高效催费。

（一）催费策略及规则

1. 语音催费策略

全面梳理在用语音催费策略和催费成效，优化语音催费规则，支持以县市公司为单位自定义配置。

2. 语音催费规则

（1）语音提醒

当月拨打二轮语音催费及二轮语音停电提醒。

第一轮语音催费：每月发行日 +7 天（天数可自行配置）

第二轮语音催费：每月发行日 +12 天（天数可自行配置）

第三轮语音停电提醒：发行日 +33 天（天数可自行配置）

第四轮语音停电提醒：电费发行日 +40 天，系统自动停电清单确认后，再次进行语音停电提醒。

（2）拨打时间

9：00—12：00（周末 10：00—12：00）、14：00—17：00、19：00—20：00。

（3）拨打优先级

每轮拨打均使用营销系统中实时最新联系人手机号码信息，拨打优先级为"订阅催费短信号码－订阅电费通知短信号码－账务联系人号码"。

（4）重拨次数

滚动拨打 3 次，第一通电话未接通的，排至队伍最后，在当天后续时段补打。重拨时间间隔：1 小时，两通重拨电话之间至少间隔 1 小时。两轮智能语音催费后，根据系统内用户信用等级开展再欠费用户的人工差异化催费，通过送达差异化催缴通知书以及差异化信用告知书，同步签订智能缴费协议等措施，以保障用户后续电费的及时回收。

（二）催费话术

"您好，我这里是电力公司，××（户名）在××（地址）电费已经欠费××元，请您及时交清电费，谢谢！"

二、风险防控机制

系统根据客户画像和语音催费通话内容自动为孤寡老人、社会救助对象、敏感用户、对公单位和投诉高风险用户建立白名单标签，并对白名单用户采用个性化催费手段，不再进行智能催费策略。

（一）工单反馈机制

通过对催费过程产生的业务数据进行沉淀，建立用户诉求库实现电催催收的智能化分析应用，系统自动为用户打上投诉、已知晓、已缴等标签。针对投诉、人工致电、需要更新信息、用户秒挂等 9 类标签，要求基层人员在营销系统中以工单形式开展跟进，实现闭环管理。

1. 标签【投诉】

通话内容：表达要投诉或者有骂人现象。

质检规则：派发工单至催费人员人工闭环处理。

2. 标签【人工致电】

通话内容：用户要求转人工或者要咨询热线电话。

质检规则：派发工单至催费人员人工闭环处理。

3. 标签【需要更新信息】

用户在通话中表达以下内容：①我是租户；②电费不是我交的；③不是本人；④我不租/住这里了；⑤用户可以提供交电费的号码；⑥房子卖掉了/其他人交。

质检规则：派发工单至催费人员人工闭环处理。

4. 标签【用户秒挂】

通话内容：通话时长≤7秒（开场白还没有说完用户就主动挂机）。

质检规则：派发工单至催费人员人工告知。

5. 标签【用户经理其他跟进】

通话内容：①用户表示不知道智能缴费、未签订智能缴费协议；②用户表示他的电费可以直接代扣的；③用户质疑电费异常。

质检规则：派发工单至催费人员人工闭环处理。

6. 标签【拒接】

通话内容：用户拒接。

质检规则：派发工单至催费人员人工闭环处理。

7. 标签【未接通】

通话内容：电话无应答、忙线中、关机、无法接通、主叫欠费、外呼失败。

质检规则：派发工单至催费人员人工闭环处理。

8. 标签【停机】

通话内容：电话停机情况。

质检规则：派发工单至催费人员人工闭环处理。

9. 标签【空号】

通话内容：电话空号情况。

质检规则：派发工单至催费人员人工闭环处理。

（二）白名单机制

营销智能语音电费催缴引擎会默认拦截白名单用户的催费数据，不进行语音催费。加入白名单有系统加入、手工加入两种。

1. 加入方式

（1）系统加入

需系统加入的是营销根据外呼结果标签为"联系信息待更新"、投诉倾向标签情况，自动将电话号码、用户编号加入白名单。

（2）手工加入

需手工加入的是根据现场情况，需指定特定用户不进行催费情况，人工手动加入白名单。

2. 白名单申请

（1）白名单新增

通过对用户编号、联系电话、申请原因的录入，完成白名单维护。

（2）白名单查询

可以根据"开始日期""截止日期""用户分类""加入方式""用户编号""联系电话"等条件，查询白名单用户。

（三）一号多户机制

一个核算单位内当天存在一号多户的情况，则默认拦截智能语音催费，视催费员人工处理结果确认是否继续发起催费。

根据"联系电话""关联用户数""催费状态""计划任务日期"查询管辖范围内一号多户情况。

对确认要进行语音催费的用户，系统则不再拦截智能语音催费，完成一号多户确认处理，未确认的用户会被拦截，不发起智能语音催费。

（四）短信发送机制

针对投诉、人工致电的用户，系统自动触发短信发给催费员，提醒尽快跟进处理。短信模板如下。

【温馨提醒】户号××，户名××，联系电话××，地址××，××年××月××日，通过智能语音催费反馈××情况，请及时跟进处理。

针对要求发短信的用户（包括明确要求发短信、询问户号），将触发一条短信发给用户，告知户号及欠费详情。短信模板如下。

【智能缴费提醒】尊敬的用户，户号××，户名××，地址××。截至××月××日，您的可用余额为××元（已低于提醒金额××元），为避免影响您的正常用电，请及时充值缴费。详询当地营业厅。

【欠费通知】尊敬的客户，户号××，户名××，地址××。截至××月××日，您已欠电费××元，其中陈欠电费××元，为避免停电对您的生活造成影响，请尽快缴纳，如已缴费，敬请忽略。详询当地营业厅。

（五）客户基础信息播报规则

机器人交互中用到供电公司名称、户号、地址、户名、欠费金额5个变量。取数规则如下。

1. 供电公司名称

由于营销系统中下级单位名称存在不规范现象，营销部建议使用市级单位，如"杭州供电公司"。

2. 户号

用户户号。

3. 地址

取用电地址反向替换掉结构化地址库中省至街道字节，最终效果为从小区开始播报；对于部分按上述规则处理后地址短于8个字节的用户，则保留街道字节，最终效果为从街道开始播报。

①地址中"-"和"--"念作"杠","#"念作"号",其他符号跳过不念。

②地址中包括括号的,括号符号不念,括号内的文字正常念出,"不要催""不要贴催缴单"或其他不合适播报给用户的内容,试点单位可提前针对带括号的地址进行整改。

③部分地址存在由于结构化地址库前几个字段没有维护导致处理后地址过长,用电地址采用杆号、表计号,播报地址不够详细等现象,请试点单位组织开展地址整改或添加白名单处理。

4. 户名

当户名小于或等于4个字时,在开场白播报户名,大于4个字时不报,示例如下。

①播报户名:喂,您好,我这边是供电公司,××(户名)在××(地址)的电费已经欠费了,请及时交清,谢谢。

②不播报户名:喂,您好,我这边是供电公司,您在××(地址)的电费已经欠费了,请及时交清,谢谢。

5. 欠费金额

针对非智能缴费用户,播报欠费金额(包括陈欠)。针对智能缴费用户,对实际欠费的用户发起智能语音催费,播报的欠费金额包括测算电费,确保与用户挂机后在支付宝上缴纳金额一致。

(六)质检规则

质检人员根据质检规则,对各类通话记录进行部分或全部检查,判断是否存在机器人对通话内容识别不准确或者用户标签分类错误的情况,若有则需要质检人员及时进行修正,从而使机器人功能不断优化、交互效果不断改进。

1. 类别【发短信】

具体含义:用户要求发短信或者咨询户号。

质检规则:每通电话均需质检。

2. 类别【已缴费】

具体含义:用户明确表示已经缴费。

质检规则:通话时长在35秒以下的可以抽检10%左右,35秒以上的均需质检。

3. 类别【已知晓】

具体含义:用户表达知道了,会交电费。

质检规则:通话时长在35秒以下的可以抽检20%左右,35秒以上的均需质检。

4. 类别【拒绝缴费】

具体含义:用户明确拒绝缴费或表达可以停电断电。

质检规则:每通电话均需质检。

5. 类别【意图不明确】

具体含义：除其他14种类型外的均归入此类。

质检规则：每通电话均需质检。

6. 类别【用户已知道，主动挂断】

具体含义：用户听完开场白中地址、欠费金额等信息后，未表明意图后主动挂断。

质检规则：通话时长在35秒以下的抽检30%左右，35秒以上的均需质检。

7. 类别【用户主动咨询业务相关问题】

具体含义：如查询地址，咨询某月电费、缴费方式、营业厅的地址、电量价格、违约金、热线电话、缴费截止日期、是否欠费，查询欠费，要求宽限延期，询问公司名称、用户经理、逾期后果等问题。

质检规则：每通电话均需质检。

三、业务深化拓展方面

2021年，国网浙江省电力有限公司在"全环节无感触发、全链路自动作业、全过程精益管控"的电费数智管理体系建设实践中，集成人工智能语音应用、大数据统计分析和人工替代等技术，拓展开发智能缴费用户自动催费，并在金华公司试点应用。

智能缴费用户自动催费业务，依托客户信用标签库，搭建智能缴费客户电费信用等级，针对不同信用等级客户制定差异化催费策略，当智能缴费客户可用余额不足时，系统自动识别客户电费信用等级，差异化实施语音催费，营造守信受益、失信受制的缴费氛围。催费策略包括差异化语音催费策略、差异化可用余额透支额度等，支持按县市公司为单位自定义配置。

（一）智能缴费用户催费策略及规则

1. 语音催费策略

连续2天测算余额小于预警值，进行语音催费，如第3天测算余额仍小于预警值，继续进行语音催费，之后不再连续进行语音催费。如客户充值缴费后再次出现余额小于预警值，则重复以上语音催费。

2. 语音催费规则

根据不同用户缴费行为、月均电费水平，搭建智能缴费客户电费7级信用等级标签，分为4A级、3A级、2A级、A级、B级、C级、D级。当智能缴费用户可用余额不足时，系统自动识别用户电费信用等级，差异化实施语音催费，在语音电话中提示用户的信用等级和透支金额。

表 7-1　差异化可用余额透支金额汇总表

客户信用等级	客户评价	预收可用余额透支额度
4A	优质	月均电费的 20%
3A	良好	月均电费的 15%
2A	中等	月均电费的 10%
A	一般	月均电费的 5%
B/C/D	失信	0

（二）智能缴费用户催费语音话术及注意事项

1. 针对信用等级为 A 级及以上的用户

信用等级为 A 级及以上的用户分为两种话术。

①月均电费 100 元及以上用户：××（户名）您好，我这里是电力公司，您在××（地址）的电费余额已不足，请及时充值，以免影响您正常用电，您是××（信用等级）信用用户，信用良好，允许透支电费为××（金额）元，谢谢！

②月均电费 100 元以下的用户：××（户名）您好，我这里是电力公司，您在××（地址）的电费余额已不足，请及时充值，以免影响您正常用电，谢谢！

2. 针对信用等级为 B/C/D 级的用户

① 话术：××（户名）您好，我这里是电力公司，您在××（地址）的电费余额已不足，请及时充值，以免影响您正常用电，谢谢！

② 电话拨打时间：（除每月 1 日—7 日）10：00—12：00、14：00—16：00、19：00—20：00。

③ 拨打优先级：每轮拨打均使用营销系统中实时最新联系人手机号码信息，拨打优先级为"订阅催费短信号码 – 订阅电费通知短信号码 – 账务联系人号码"。

④ 一号多户数：同一号码超过 1 户的，需要在一户多号管理中予以确认拨打哪一户或哪些户。当用户存在一号多户时，拨打电话一同告知。

⑤ 重拨次数：滚动拨打 3 次，第一通电话未接通的，排至队伍最后，在当天后续时段补打；两通重拨电话之间至少间隔 1 小时。

（三）智能缴费用户催费策略制定

策略制定是指电费电价专责使用个人电脑，对其管辖的各类用户制定相应的催费时间、催费方式等催费策略的工作。制定策略的费用包括应收电费、分次划拨电费等。可针对用户风险标签（如违约用电、窃电等）、失信情况进行风险防控，制定相应的催费策略。

1. 催费策略新增

在策略维护页面，输入策略名称，选择供电单位、用户类型、发起规则、拨打优先级、智能缴费用户是否催费，输入一户多号数、重拨次数、重拨时间间隔、起拨值等信息，完成催费策略新增维护。

2. 催费策略修改

进入策略维护页面，对需要修改的策略修改策略名称、用户分类、一号多户数、重拨测试、起始抄表段编号等信息，完成策略信息修改。

3. 催费策略删除

选择对应的催费策略进行删除。若该策略存在催费数据抽取任务时，则不允许删除。

4. 催费策略查询

可以根据策略名称、用户分类等查询条件，查询管辖范围内催费策略信息。

第二节 远程停复电

远程停复电业务是指通过营销系统直接对表计实施停电、复电的业务。

一、智能缴费用户远程停复电

当智能缴费客户符合停电条件时，系统自动对客户实施语音停电告知，并将客户列入自动停电列表，60分钟后，系统自动校验用户欠费状态，对欠费用户进行远程自动停电，费清后自动复电。

（一）智能缴费用户远程停复电策略

1. 远程停复电通知策略

（1）差异化透支策略

结合客户缴费信用等级，对信用等级评价为 A 级及以上的客户，设置差异化可用余额透支金额。

（2）语音和短信停电通知策略

系统自动生成连续 2 天测算余额小于 0 且最后一天测算余额小于透支额度的用户清单，经人工确认后进行语音和短信催费通知。

（3）停电通知话术

根据用户的信用等级，制定不同的催费语音和短信通知话术。

短信内容参考：尊敬的客户，户号××，户名××，地址××，截至××月××日，您的余额为××元（已低于0元），将开启停电程序，为了避免停电对您的生活造成影响，请及时缴费，详询当地营业厅。

（4）电话拨打和短信发送

在自动停电清单确认后进行电话拨打和短信发送。使用营销系统中实时最新联系人手机号码信息，拨打优先级为"订阅催费短信号码－订阅电费通知短信号码－账务联系人号码"。电话未接通的，在3分钟后补打，滚动拨打3次。

2. 远程停复电实施策略

语音和短信停电通知发出60分钟后，自动校验客户实时余额是否小于透支金额，对实时余额小于透支金额的用户进行远程停电。停电后，系统自动发送已实施停电短信告知用户。停电不成功的用户，系统发送短信至客户经理告知远程停电失败，由客户经理进行现场停电。

当用户缴费后，测算电费余额大于0，系统自动复电，并发送短信告知用户。每天下午4点，系统对已实施停电但未复电用户进行统计分析。

①测算电费余额大于0却未复电用户，分析查明未复电原因，如无法查明原因，则通过采集系统复电并修改停电标志，采集系统复电失败的由客户经理进行现场处理。

②仍未缴费用户，由催费人员进行人工催费，其中银行批扣用户，在取得相关缴费证据后，通过采集系统复电并修改停电标志。

（二）智能缴费客户远程停复电流程

普通用户停复电流程同智能缴费用户。

1. 停电前准备工作

①停电敏感用户白名单申请。特殊用户或老弱病残用户在停电前应申请添加停电白名单。系统自动剔除停电。

②停复电责任人维护。未维护停复电责任人无法正常发起停电流程。维护后的用户系统送停电短信至用户经理。

2. 远程停电流程

智能缴费客户远程停电流程主要包括物联停电申请、物联停电审批、物联停电执行、物联停电复核、物联现场停电录入五个环节。流程发起及审批时限为3个工作日；流程审批、通知、执行、复核及归档应在同一个工作日内完成。

（1）物联停电申请

当智能缴费客户满足停电条件时，发起远程停电流程。（系统自动或抄催责任人员手工发起）

功能说明：支持根据供电单位、抄表包编号、抄表员、编号类型、测算起始日期、测试截止日期等筛选条件选出符合停电条件的物联用户发起物联停电申请。

（2）物联停电审批

审批人员对停电客户清单进行逐户审批，审批人员需由班组长及以上层级人员担任。

功能说明：业务人员发起停电申请后，在停电审批页面展示用户供电单位、合同账户编号、用户编号、用户名称、用电地址、抄表包编号、实际可用余额（元）、测算日期、透支金额、停电策略生成时间、开关状态等相关信息，为避免用户在流程审批环节过程中有过缴费行为，停电审批环节展现的时间可用余额（元）= 当前实时余额 − 测算电费。

停电流程审批通过后，对审批通过的用户发送停电通知短信。

（3）物联停电执行

审批通过后，进行远程停电，停电人员根据物联用户策略进行筛选，对当前仍是停电策略的用户发送远程停电指令。对已缴费物联策略已更新为正常用户后取消停电。

（4）物联停电复核

停电执行后进行停电复核，复核环节支持对现场开关状态进行召测，针对实际未停电以及远程停电成功率低，停电指令重新下发新增指令重试处理，系统自动根据停电指令执行结果5次。远程停电成功后停电流程结束，若远程停电失败可转现场停电，开关状态为"开"并且执行结果为成功的指令直接发送归档流程。

（5）物联现场停电录入

转现场停电的用户，台区经理现场停电后，在系统停电信息内输入停电结果。现场停电成功后，更新物联状态为"停电"。

3. **远程复电流程**

智能缴费客户远程复电流程主要包括流程发起、执行、复核及归档等环节。

①发起：智能缴费客户满足复电条件后，营销系统实时发起远程复电流程并向现场表计发送合闸指令。

②执行：电能表根据合闸指令完成合闸动作并返回执行结果。

③复核：系统根据返回数据自动复核客户用电状态。

④归档：系统对复核通过的远程复电流程自动归档；复核未通过的，生成现场复电工单，并同步推送至供电服务指挥中心。

4. **临时复电流程**

已停电客户因特殊紧急情况需要临时恢复供电的，可发起临时复电流程，每个电费结算周期只能申请一次，临时用电时间一般不超过24小时。临时复电流程由抄催责任人员发起，经班组长及以上层级人员审批，后续流程流转同正常复电流程一致。

5. **停复电设备运维流程**

停复电设备运维流程指智能缴费客户远程停复电异常引起的计量采集运维流程，主要包括生成、执行、复核及归档等环节。停复电设备运维流程必须在14天内完成。

①生成：智能缴费客户远程停复电失败后，系统自动触发停复电设备运维流程，派发至计量采集运维责任人员。

②执行：计量采集运维责任人员对现场计量装置进行运维，确保设备远程控制功能正常应用。

③复核及归档：计量采集运维责任人员复核设备远程控制功能正常后，进行流程归档。

二、普通用户远程停复电

制定普通电力客户语音停电告知策略，将原人工送达停电通知书改造为语音自动停电提醒，支持普通电力客户欠费逾期 30 天后自动停电，费清自动复电。

1. 远程停复电通知策略

（1）语音和短信停电通知策略

电费发行日 +33 天，系统自动拨打第三轮欠费用户的智能语音停电提醒。

（2）电话拨打和短信发送时间

电费发行日 +40 天，系统自动停电清单确认后。

停电话术：您好，我这里是电力公司，××（户名）在 ××（地址）的房子已经欠费了，已符合停电条件，将在今日内实施停电，请及时充值缴费。

（3）拨打优先级

使用营销系统中实时最新联系人手机号码信息，拨打优先级为"订阅催费短信号码 – 订阅电费通知短信号码 – 账务联系人号码"。

（4）重拨次数：电话未接通的，在 3 分钟后补打，滚动拨打 3 次。

2. 远程停复电实施策略

语音和短信停电通知发出 60 分钟后，自动校验客户欠费状态，对欠费用户进行远程停电。停电后，系统自动发送已实施停电短信告知用户。对于停电不成功的用户，系统发送短信至客户经理告知远程停电失败，由客户经理进行现场停电。

当用户交清欠费后，系统自动复电并给用户发送复电短信告知。若自动复电失败，系统发送短信至客户经理，分析查明未复电原因，如无法查明原因，则通过采集系统复电并修改停电标志，采集系统复电失败的由客户经理进行现场处理。

第三节　实用案例

本节主要介绍远程停复电全流程的实用案例。

一、远程停电申请

催费员勾选需要召测的用户信息后点击"召测"（如图 7-1 所示），就会返回该用户的采集终端或者电能表开关状态信息，召测成功后点击"发送"到停电审批环节，如图 7-2 所示。

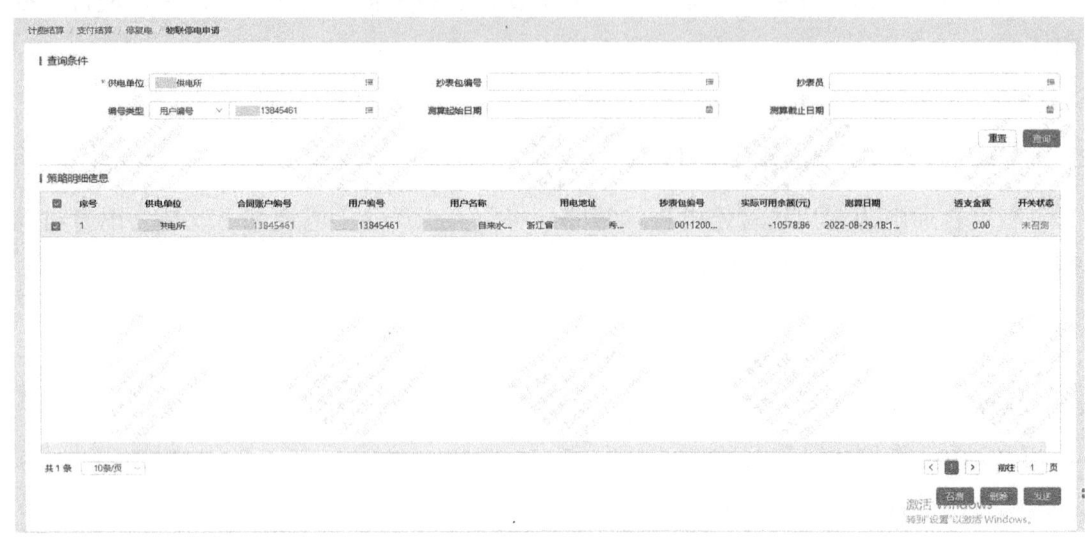

图 7-1 远程停电申请界面

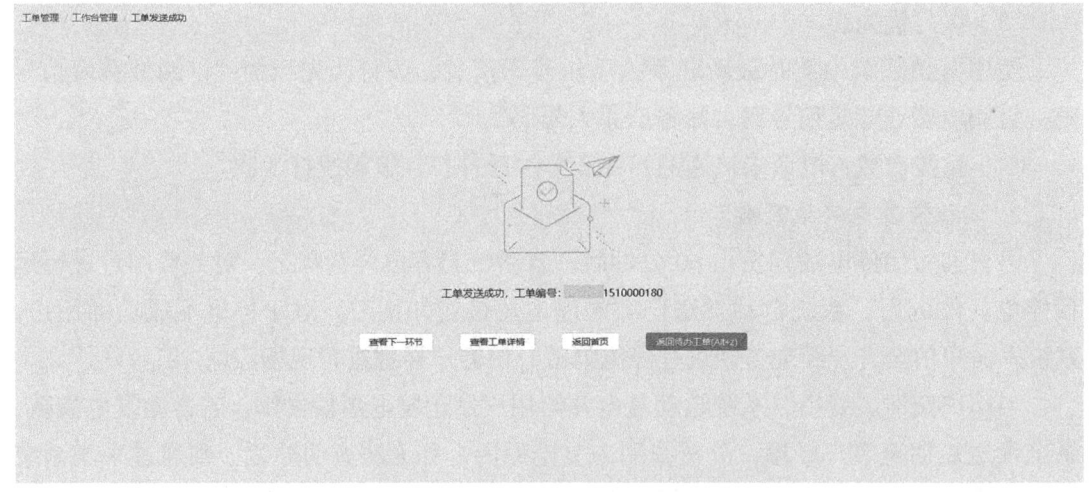

图 7-2 工单发送成功界面

二、远程停电审批

审批环节如图 7-3 所示。审批人根据实际情况填写审批结果及审批意见（如图 7-4 所示），保存后针对审批通过的用户发送停电通知短信。短信只发一条，按"经办人－账务联系人－通信联系人－订阅人"的优先级进行发送。点击审批通过的用户信息后系统会自动"发送"到停电执行环节。

图 7-3　远程停电审批界面

短信内容：尊敬的客户，户号××，户名××，地址××，截至××月××日，您的可用余额为-××元，已符合停电条件，收到短信后将在24小时内实施停电，请及时充值缴费，详询当地营业厅。

为避免用户在流程审批环节过程中有过缴费行为，停电审批环节展现的时间可用余额（元）= 当前实时余额－测算电费。

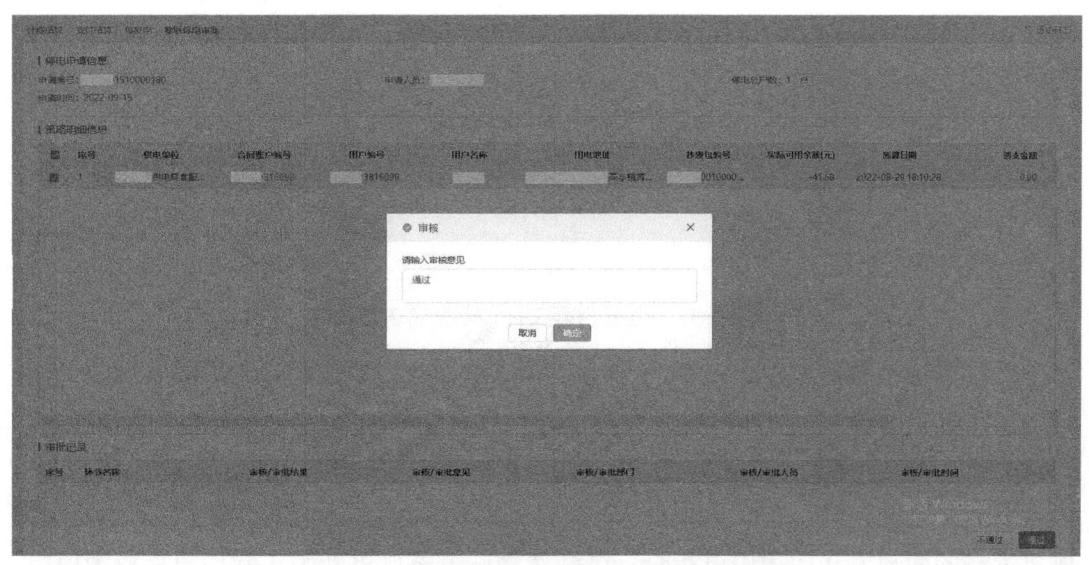

图 7-4　远程停电审批审核意见填入界面

141

三、远程停电执行

查询满足停电指令的流程信息，勾选用户明细后，点击"远程停电"，如图7-5所示。

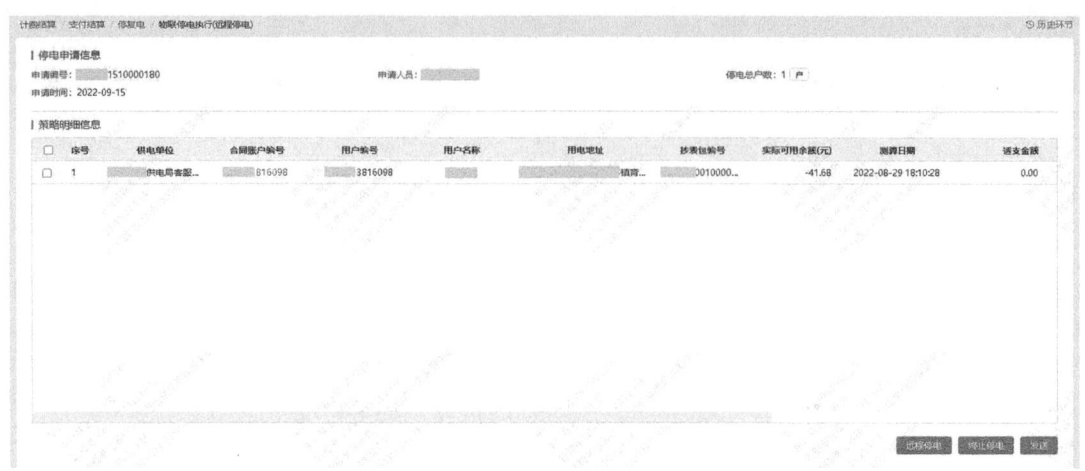

图7-5 远程停电执行界面

收到远程下发成功提示后点击"发送"到物联停电复核环节，如图7-6所示。

图7-6 远程停电执行发送成功界面

短信内容：尊敬的客户，户号××，户名××，地址××，截至××月××日，您的电费已透支，可用余额为-××元，已逾期，现已被依法实施停电，请及时充值缴费，详询当地营业厅。

审批通过后，进行远程停电，停电人员根据物联用户策略进行筛选，对当前仍是停电策略的用户发送远程停电指令。已缴费物联策略已更新为正常用户后取消停电，对执行后缴费物联策略已更新下发流程直接转归档。

四、远程停电复核

查询用户明细后观察指令执行结果、指令执行情况，远程停电成功且召测开关状态为"开"的指令直接发送归档流程，如图 7-7 所示。

图 7-7　远程停电复核界面

指令执行失败用户可点击"重新下发"重新下发指令，或者选择派工人员，点击"派工"到物联现场停电环节，如图 7-8 所示。

图 7-8　指令派工界面

五、远程现场停电

查询用户明细，录入停电人员、停电标志、实际停电时间、停电方式、停电情况说明、上传附件后保存发送流程后工单办结，如图7-9所示。

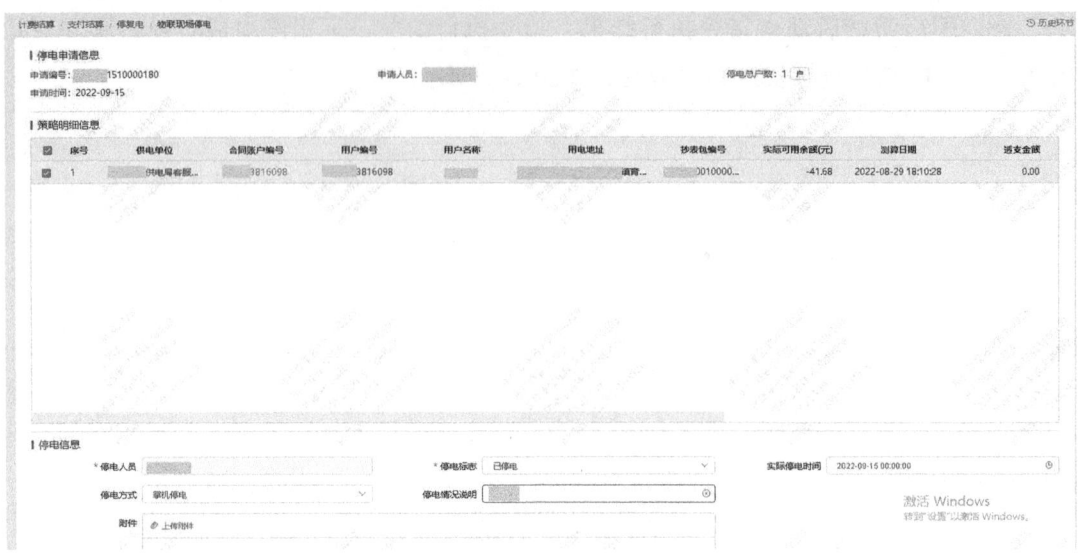

图7-9 远程现场停电环节系统界面

六、远程复电

用户交清欠费后，系统自动复电。若自动复电成功，费控停电流程自动作废，不用任何人工操作。

用户档案中的复电标志无法人工修改，只能通过自动复电或转人工现场停电由系统流程自动修改。

第八章 市场化电费结算

目前，批发侧结算面向省统调发电企业结算（默认统调电厂全部入市）、非统调燃煤发电企业、批发侧用户（售电公司、批发用户）。零售侧结算面向售电公司代理的零售用户。绿电结算主要面向参与绿电交易的发电企业、售电公司及用户。跨区跨省及区内跨省结算主要面向省间购电及相关华东直调发电企业。

本章仅介绍发电企业市场化电费结算、售电公司市场化电费结算。

第一节 发电企业市场化电费结算

一、省统调发电企业中长期电费结算

省统调发电企业中长期电费结算包括电量抄录确认、电量电费计算、电费结算并出具账单、发票开具、发票校验、支付申请和购电费支付等7个环节，如图8-1所示。

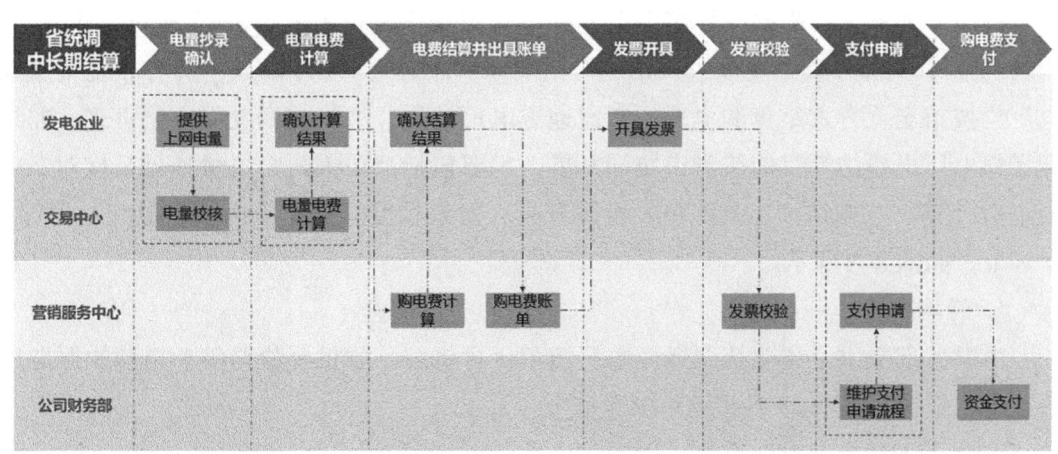

图 8-1 省统调发电企业中长期电费结算流程

1. 电量抄录确认

由发电企业通过交易平台录入结算上网电量，交易中心根据省调控中心电量数据开展校核。

2. 电量电费计算

交易中心按照发电企业不同合约量价参数、结算次序开展电量电费计算，计算结果向发电企业进行确认，确认后结算依据推送营销服务中心。

统调发电企业的结算次序及规则为：按交易成交顺序结算。

3. 电费结算并出具账单

营销服务中心校核结算依据，叠加"两个细则"（《华东区域电力辅助管理实施细则》《华东区域电力并网运行管理实施细则》）执行的到厂费用后完成购电费计算，计算结果与发电企业确认后出具购电费账单，通过"网上国网"（现通过交易平台）推送给发电企业。

4. 发票开具

发电企业收到确认账单后开具购电费发票。

5. 发票校验

营销服务中心参照电费账单对发票量价费参数开展校核，校核通过后提交财务。

6. 支付申请

财务维护支付申请流程（通常分 2~3 次维护，延续到下旬）。营销服务中心收到申请流程后，在 1 个工作日内完成支付申请。

7. 购电费支付

按财务规定完成分级审批后，由财务部（资金集约中心）完成购电费一次性打款。

二、非统调燃煤发电企业电费结算

按照《关于进一步深化燃煤发电上网电价市场化改革的通知》（发改价格〔2021〕1439 号）中"所有燃煤发电进入市场"的要求，2021 年 12 月以来，所有非统调燃煤电厂均按市场化方式结算购电费。考虑地方电厂计量、结算及调度属地化管理，非统调燃煤电厂电费结算目前按省市协同开展，主要包括清单推送、电量抄录及核对、电量电费计算、电费结算出具账单、发票开具、发票校验、支付申请及购电费支付等 8 个环节，如图 8-2 所示。

1. 清单推送

由财务部提供全省非统调燃煤电厂清单（含机组、原批复价格等）至营销服务中心，省营服在每月末 28 日将清单推送地市。

2. 电量抄录及核对

每月初电费发行期间地市通过采集系统或调度 ERTU 完成电量抄录，地市在关账后按清单报送上网结算电量至营销服务中心，营销服务中心汇总后反馈给交易中心。

3. 电量电费计算

交易中心按营销服务中心反馈上网结算电量、原批复价格或挂（摘）牌交易成交价格计算购电费,并将结算依据反馈至营销服务中心。

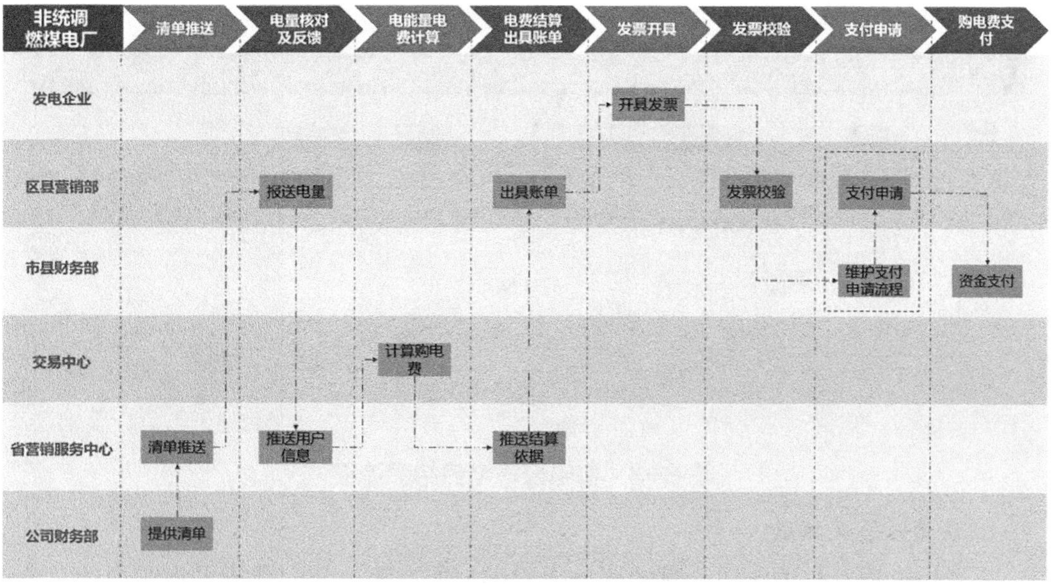

图 8-2 非统调燃煤发电企业电费结算流程

4. 电费结算出具账单

营销服务中心将交易中心提供的结算依据发送给地市公司,由地市公司完成购电费结算出具账单,并通知电厂。

5. 发票开具

发电企业开具购电费发票寄送给区县营销部门。

6. 发票校验

区县营销校验发票无误,提交市县财务。

7. 支付申请

市县财务收到发票、并经校验无误后,维护申请流程。区县营销部门收到财务的申请流程后,及时完成支付申请。

8. 购电费支付

按财务规定完成分级审批后,由市县财务部完成购电费一次性打款。

第二节 售电公司电费结算

一、售电公司电费结算

售电公司利润由零售侧收入扣减批发侧应付电厂电费后形成,其结算主要包括电量汇总及推送、电量电费计算、电费结算并出具账单、发票开具、发票校验、支付申请、购电费支付和启用履约保函等 8 个环节，如图 8-3 所示。

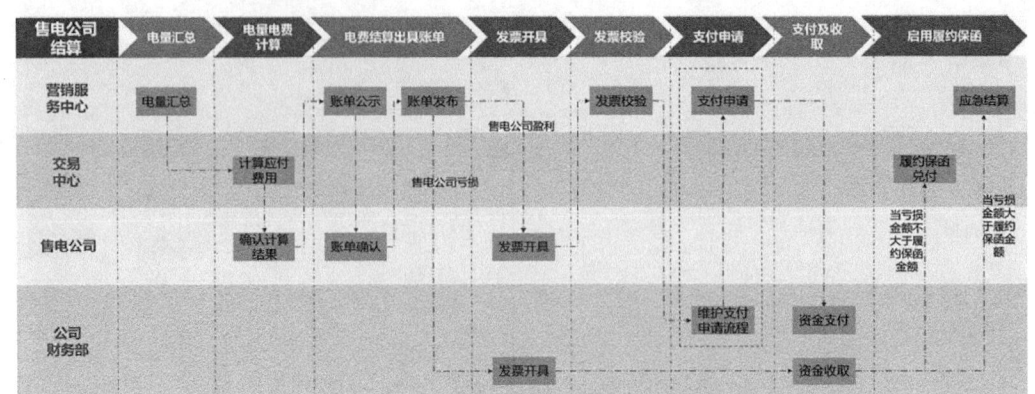

图 8-3　售电公司电费结算流程

1. 电量汇总及推送

每月初电费发行关账后，营销服务中心汇总所有售电公司代理零售用户的总电量和零售侧收入，将电量分售电公司打包推送给交易中心；同步推送每个绿电用户明细数据，用于后续交易中心逐户发放绿证。

2. 电量电费计算

交易中心按照售电公司交易场次、不同合约量价参数及规定的结算次序计算售电公司应付费用，通过交易平台公示由售电公司确认后，反馈至营销服务中心。

售电公司的结算合同次序和规则为：按照交易成交顺序结算。超用电量按最近一次最短周期集中竞价均价结算。超用欠用均执行考核，其中超 5% 以内免考核，超 5%~20% 的按 0.4153 的 5% 考核，超 20% 以上的按 0.4153 的 10% 考核。

3. 电费结算并出具账单

营销服务中心在收到交易反馈结算依据后根据售电公司应付费用和零售侧收入，计算售电公司利润，并通过交易平台公示账单，售电公司确认账单无误后，营销服务中心完成正式账单发布。

4. 发票开具

针对盈利的售电公司，由售电公司开具发票寄送营销服务中心；针对亏损的售电公司，由公司财务部开具发票至售电公司。

5. 发票校验

营销服务中心参照电费账单对利润发票量价费参数开展校核，校核通过后提交财务。

6. 支付申请

财务收到发票、并校验无误后，维护支付申请流程（通常分 2~3 次维护，延续到次月）。营销服务中心收到申请流程后，及时完成支付申请。

7. 购电费支付

售电公司盈利的，财务部完成分级审批后，由资金集约中心完成购电费一次性打款。售电公司亏损的，售电公司需在账单出具后及时支付给资金集约中心。

8. 启用履约保函

如亏损售电公司超期未付的，交易中心立即启动履约保函兑付程序。

当亏损金额不大于履约保函金额时，交易中心发起履约保函兑付流程，由资金集约中心去银行办理兑现。

当亏损金额大于履约保函金额时，立即开展应急结算。

第九章　电费精益管控业务

电费精益管控业务包括电费业务全流程数字化管理看板、营销大脑电费驾驶舱两部分。

第一节　电费数字化管控体系

以加快电费资金发行回收速度、赋能公司高质量发展为目标，以电费业务"全环节可视、全过程可管、全流程可控"为导向，聚焦于决策层、管理层、执行层的不同管理需求，以及基层班组业务开展与质效提升的薄弱点，搭建电费数字化管控体系，提升电费精益合规管理水平。电费数字化管控体系通过两个方面来实现。一是电费作业进度全景监控。在营销2.0系统建立电费业务全流程数字化管理看板，实现电费作业实时监测、电费异常全程管控，保障全流程业务高效流转、规范执行。二是电费驾驶舱挂图作战。依托"营销大脑"搭建电费驾驶舱，帮助各级管理人员直观了解具体经营指标及电费质量，围绕电费抄核收核心业务，构建数字化评价体系，实现分地市、分区县、分所站的电费作业质量监督评价，提升电费精益化管理水平。

一、电费作业进度全景监控

（一）业务总体设置

目前，随政策业务变化指标更新迭代频繁，现有系统功能在指标查询展示上缺乏全面性和系统性，需要人员自行记录查询渠道逐个查看，既无法支撑管理人员监控需要，也无法满足操作人员的流程管控、预警督办以及异常处理工作。为了进一步提升电费作业效率，加快电费资金发行回收速度，在营销2.0系统中搭建电费业务全流程数字化管理看板，通过集约化、实时化、数字化方式展示电费全流程业务实时进展情况，辅助业务人员高效开展相关工作，同时也为电费管理人员提供作业进度管控渠道。

立足业务本身，梳理电费作业全流程、全环节执行步骤，厘清业务环节前后逻辑关系、职责权限划分，考虑业务管理及执行习惯，以最高效、最直观为目标，将电费业务全流程数字化管理看板分为电费全业务管控看板、抄核流程监控看板、收账流程监控看板。

电费全业务管控看板赋权给管理人员,如电费分管主任、电费专职;抄核流程监控看板赋权给抄表核算业务人员;收账流程监控看板赋权给收费账务业务人员。管理人员可通过电费全业务管控看板中的实时监测链接,直接跳转至抄核流程监控看板和收账流程监控看板,查看电费作业实时进度,也可以直接点击两张看板进入。具体功能设置如表 9-1 所示。

表 9-1 电费全业务管控看板功能设置概况

看板类型	功能模块	主要内容	适用岗位
电费全业务管控看板	—	1. 关键性指标,如远程自动抄表率、线上缴费率、平均发行时长等; 2. 运营规模,如电量规模、用户数规模、销售收入; 3. 省侧机动任务情况,如社会救助对象、高压分次覆盖情况、销户未退费情况; 4. 其他看板链接	管理人员
抄核流程监控看板	抄表	1. 抄表进度,如未创建计划、计划创建、数据准备、示数获取、示数审核各环节在途情况; 2. 抄表各环节产生的异常工单处理情况,包括已处理数、待处理数	管理人员、业务人员
抄核流程监控看板	核算	1. 核算发行进度,如量费计算、量费审核、量费推送、量费发行和退补各环节在途情况; 2. 核算各环节产生的异常工单处理情况,包括已处理数、待处理数	管理人员、业务人员
抄核流程监控看板	列表	以列表的方式,展示对应辖区分单位(或供电所)电费全环节进度、异常工单处理情况、退补在途情况	管理人员、业务人员
抄核流程监控看板	清单详情	抄核环节常用清单查询汇总	管理人员、业务人员
收账流程监控看板	收账	1. 电费回收各环节进度,如收费、解款、解款核定、银行对账、二次销账在途情况; 2. 待处理业务情况,包括单边账处理、销户余额清退、语音催费失败、欠费复电失败等	管理人员、业务人员
收账流程监控看板	清单详情	收账环节常用清单查询汇总	管理人员、业务人员

(二)电费全业务管控业务设置

电费全业务管控看板左侧为实时监测和经营管控相关看板的跳转链接,其中,实时检测嵌套了抄核流程监控看板、收账流程监控看板;经营管控嵌套营销大脑跳转接口,点击可直接跳转至营销大脑电费驾驶舱。主界面中部集约展示了电费质效关键指标以及经营指标,右侧为省侧机动任务成果。电费全业务管控看板如图 9-1 所示。

电费业务数智体系建设与应用

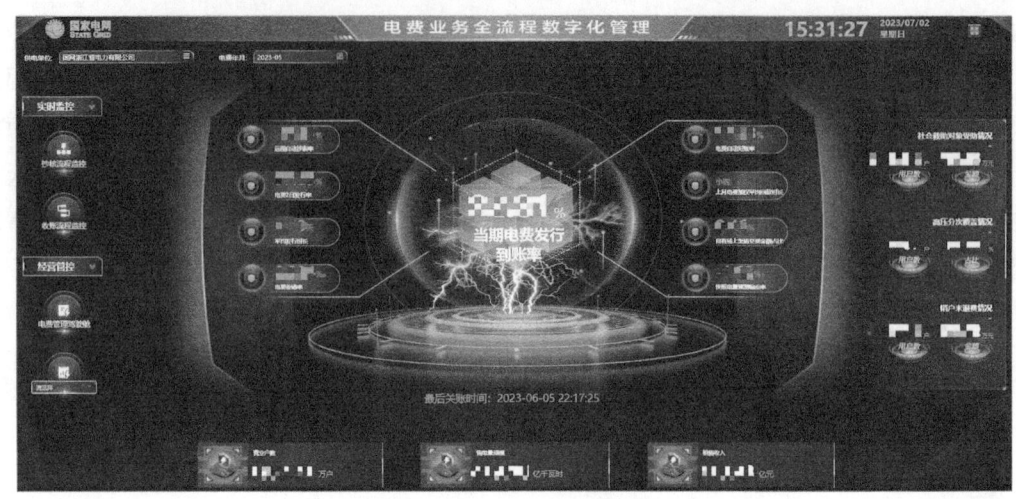

图 9-1　电费全业务管控看板

（三）抄核流程监控业务设置

抄核流程监控看板主要辅助抄表核算人员实时跟进电费结算流程，可选择对应辖区，根据核算日查看分次、终次、销户的结算进展。针对不同岗位分工以及电费管理需求，设置抄表、核算、列表、清单详情四个功能模块，通过点击主界面数字直接进行详细清单查询。

抄表模块界面左侧展示抄表环节在途量费计划情况、抄表人员待处理计划的情况，以及示数复核环节规则触发率情况；界面中部展示电费结算从抄表到发行全环节进展情况，例如当前发行率、全流程异常总数、未发行数、关账率、未关账区县数，通过折线图展示各时点累计发行情况。界面右侧为抄表各环节在途情况。抄核流程监控看板抄表模块界面如图 9-2 所示。

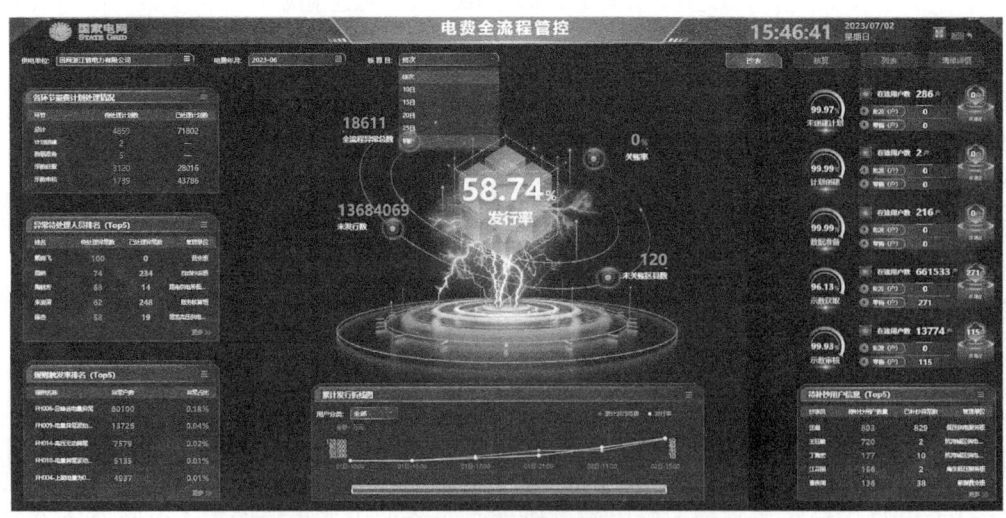

图 9-2　抄核流程监控看板抄表模块

核算模块的界面布局与抄表模块逻辑一致，除界面中部信息数据两者一致，左右两侧均更换成了核算环节的情况。抄核流程监控看板核算模块界面如图 9-3 所示。

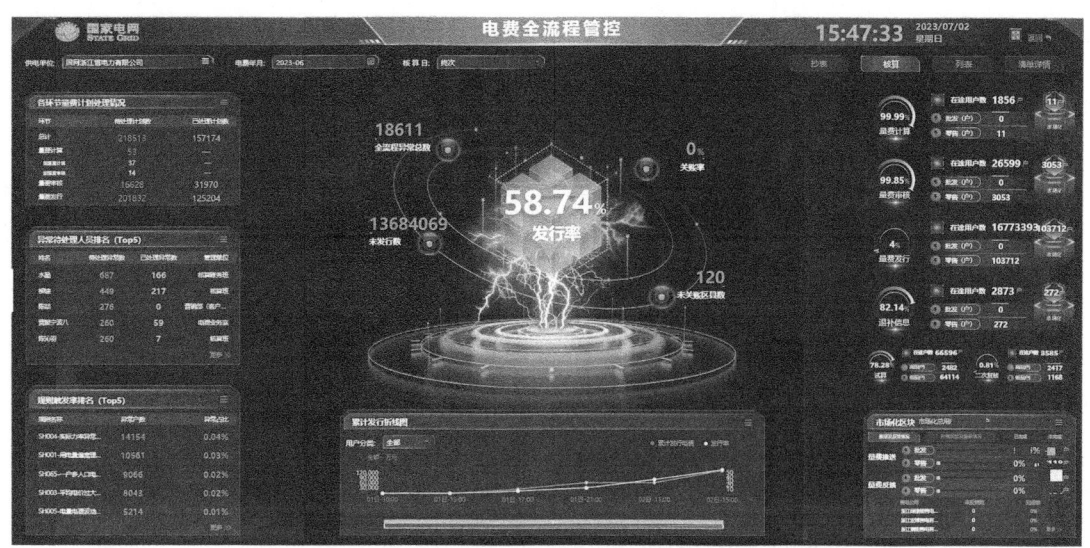

图 9-3 抄核流程监控看板核算模块

列表模块以表格形式集约展示辖区内各单位抄表核算各环节进展情况，便于电费管理人员对本单位总体进展有全局性把握。清单详情模块为电费常用省侧查询主题，基于地市需求调研，汇总管理及业务人员所需的省侧查询主题，并按事前、事中、事后维度展示。具体界面如图 9-4、图 9-5 所示。

查询条件

* 供电单位：国网浙江省电力有限公司　* 电费年月：2023-06　* 核算日：终次

重置　查询

电费全流程信息　电费关账信息

电费全流程信息

序号	管理单位编码	管理单位	未创建计划数	电费计划数	数据准备户数	示数获取户数	示数审核户数	电量计算户数	电量审核户数	电费计算户数	电费审核户
1	33101	全省	285	4	219	662507	14272	2139	22	2	30334
2	33401	国网浙江省电力有限公司杭州供电公司	5	0	219	251079	3857	68	0	1	7734
3	33402	国网浙江省电力有限公司嘉兴供电公司	30	0	0	148522	2748	239	0	0	5347
4	33403	国网浙江省电力有限公司绍兴供电公司	1	0	0	64154	2562	88	1	0	2983
5	33404	国网浙江省电力有限公司金华供电公司	11	0	0	511	324	64	5	1	1840
6	33405	国网浙江省电力有限公司宁波供电公司	16	4	0	63607	673	19	0	0	4537
7	33406	国网浙江省电力有限公司台州供电公司	174	0	0	4679	486	12	2	0	964
8	33407	国网浙江省电力有限公司丽水供电公司	0	0	0	24128	581	131	2	0	1155
9	33408	国网浙江省电力有限公司湖州供电公司	4	0	0	95790	1550	573	0	0	698
10	33409	国网浙江省电力有限公司衢州供电公司	5	0	0	431	324	925	4	0	521

共 12 条　10 条/页　　1 2　前往 1 页

图 9-4 抄核流程监控看板列表模块

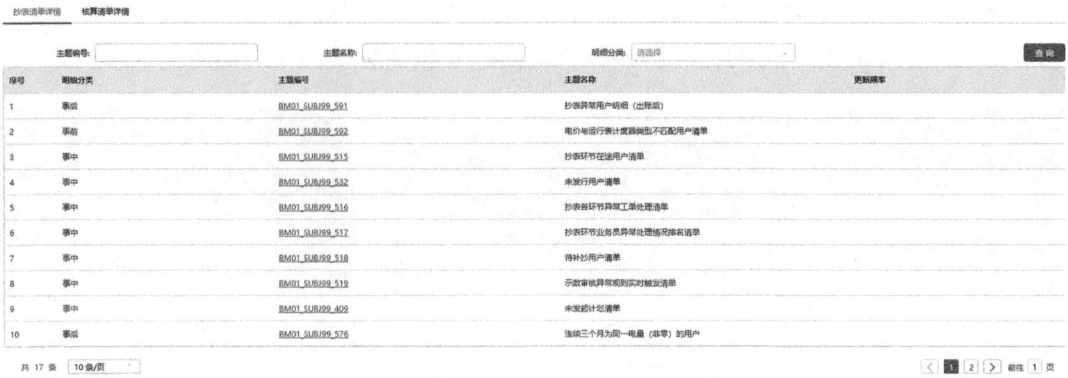

抄表清单详情　核算清单详情

主题编号:　主题名称:　明细分类: 请选择　查询

序号	明细分类	主题编号	主题名称	更新频率
1	事后	BM01_SUBJ99_591	抄表异常用户明细（出账后）	
2	事前	BM01_SUBJ99_592	电价与运行表计度器类型不匹配用户清单	
3	事中	BM01_SUBJ99_515	抄表环节在途用户清单	
4	事中	BM01_SUBJ99_532	未发行用户清单	
5	事中	BM01_SUBJ99_516	抄表各环节异常工单处理清单	
6	事中	BM01_SUBJ99_517	抄表环节业务员异常处理情况排名清单	
7	事中	BM01_SUBJ99_518	待补抄用户清单	
8	事中	BM01_SUBJ99_519	示数审核异常规则实时触发清单	
9	事中	BM01_SUBJ99_409	未发超计划清单	
10	事后	BM01_SUBJ99_576	连续三个月为同一电量（非零）的用户	

共 17 条　10条/页　1　2　前往 1 页

图 9-5　抄核流程监控看板清单详情模块

（四）收账流程监控业务设置

收账流程监控看板主要供收费账务人员实时跟进电费回收、账务处理相关工作，设置收账和清单详情功能模块，其中清单详情模块与抄核流程监控看板中的清单详情功能一致，详细界面如图 9-6 所示。

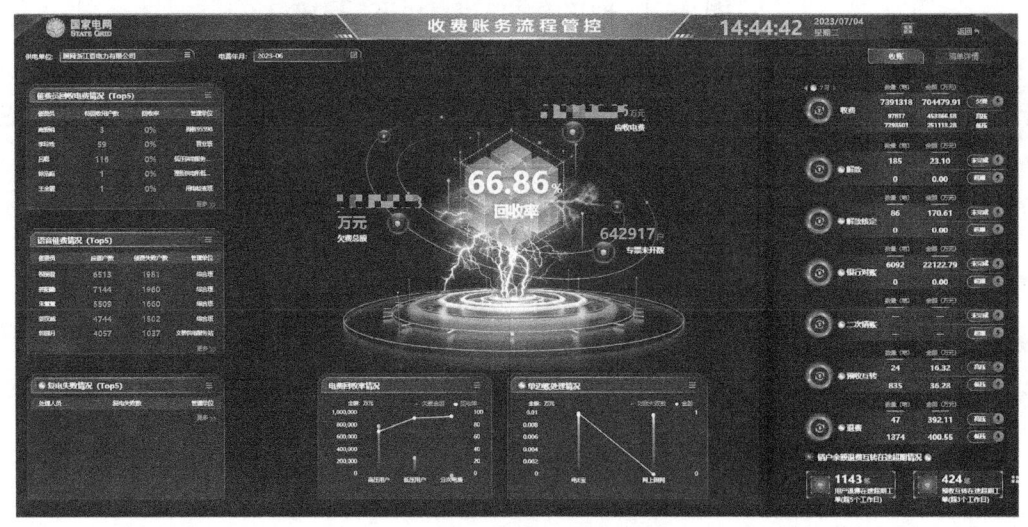

图 9-6　收账流程监控看板

界面左侧是按业务人员维度展示的电费回收、智能语音催费和复电失败情况；界面中部是电费回收、账务处理实时总体情况；右侧是收费各环节在途情况，以及预收互转、退费、销户未退费等相关业务情况。

二、电费驾驶舱挂图作战

（一）业务总体设置

除了对电费全流程进展情况进行集约化、可视化展示，以不断提升作业效率外，还需要强大的数智管控体系，辅助各级人员全方位加强电费专业管理。依托"营销大脑"，通过提炼关键指标、融合专家经验、构建"图形"看板，为管理人员打造电费驾驶舱，实现线上集约智能管控，使得业务更加规范、管控更为便捷。电费驾驶舱总体功能设置如表9-2所示。

表9-2　电费驾驶舱功能设置

一级功能	二级功能	功能说明
全景概览	经营规模	展示各单位市场经营规模相关重点指标分布情况，包括用户数、售电量、电量等
	营销队伍	展示各单位营销队伍人员分布情况，包括年龄分布、学历分布、专业占比等
	营业厅网络	以地图的形式展示各单位的营业厅建设情况及分布信息
	亮点特色	以地图的形式展示全省营销特色亮点
	购售电全景清单	对单位市场化售电业务全过程进行监测，量化体现电量预测、交易、结算等不同环节的电费体量、进度、关键指标等信息
业务看板电费专业舱	市场化售电情况	对浙江电力代理购电情况进行监测，包括购电市场规模、购电结算、市场化电费回收、其他市场主体电费结算等
	运行概况	主要对公司的售电规模做总体监测，包括售电量、售电收入、售电均价、营业户数、渠道资金分布等指标，是反映公司市场经营成果和未来走势的关键
	电费经营贡献指数	用来评估电费回收工作对公司现金流的贡献度，包括月末预收电费余额占比、月末暂估电费余额占比、分次电费月末回收率、月末预收电费余额占比、月末暂估电费余额占比、分次电费月末回收率等
	电费作业效能指数	用来监测公司电费业务全流程数字化管控中管理效益，包括源头防控效能指数相关指标、采集抄表效能指数相关指标、电费催收效能指数相关指标、电费对账效能指数相关指标、缴费服务效能指数相关指标等
	电费管理健康指数	用来反映电费专业管理的规范度水平，包括电价执行健康指数相关指标、电费作业健康指数相关指标、电费服务客户满意指数相关指标等
待办工单	待办	各类待办工单，包括待确认、待处理、待审核的督办、批示、协办等工单
	已办	各类已办工单，包括已处理、已审核的督办、批示、协办等工单
	我发起的	"我"发起的工单，便于管理跟踪使用者本人发起的批示、督办、协办工单
营销服务工具箱	指标高级查询	为各级管理人员构建业务异动分析工具，可自主组合数据开展分析工作，按不同维度细分、定位异常发生的单位、行业等，追溯引起异常的用户

续表

一级功能	二级功能	功能说明
	数字文件柜	针对目前人工管理方式存在的文件查找耗时、迭代变化快、融合运用难等问题，利用新一代数字技术，构建"一库一图一平台"的文件数字化管理新模式，实现"类百度"式检索，提供政策文件图谱、智能推荐关联、语义检索、政策知识图谱等功能，辅助营销管理者快速检索文件，帮助业务人员主动掌握政策出台的"前因后果"，提升文件解读能力
	文档在线协同	针对日常管理过程中各类临时性的、非重点任务、需要地市协同、短期内完成的工作，借鉴云端在线协作理念，通过文档在线协同应用，实现多人在线编辑表格，包括在线协同工作创建、群发、待办提醒、在线填报、提交、一键汇总等。

（二）电费驾驶舱辅助功能设置

通过重点指标集中展示、重点任务进度量化、预警自动推送、督办及时下达等多种功能，以图的形式展现，清晰醒目，帮助各级人员直观了解具体经营指标及电费质量，便于掌握电费管理水平和薄弱环节，多角度加强电费专业管理。营销大脑电费驾驶舱主界面如图 9-7 所示。

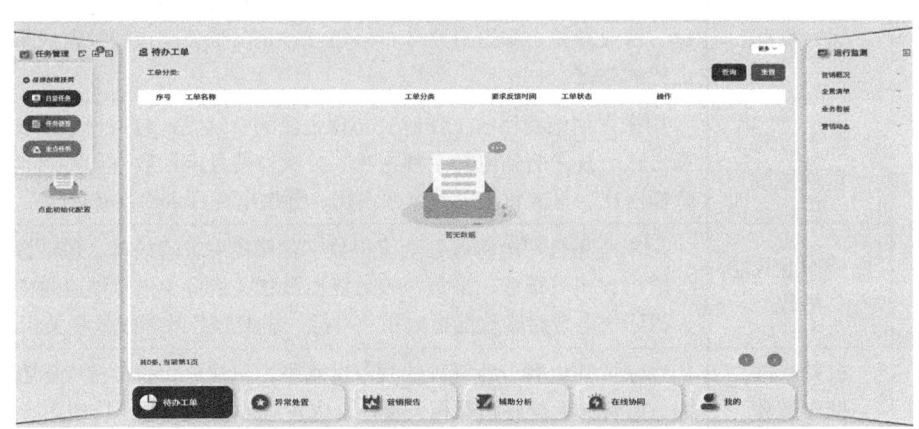

图 9-7 营销大脑电费驾驶舱主界面

电费驾驶舱左侧是任务管理板块，重点任务可以将年度营销重点工作纳入这个模块，可以通过数据指标或指标组合的形式量化地管控任务的完成进度。日常任务模板，在设置上主要侧重对任务结果的跟踪、反馈，相比于量化任务模板，管理的流程相对简单。便签任务类似个人备忘录，是对个人工作任务的提醒。同时，支持上级管理人员发起批示督办，以工单的形式向下流转，实现管理的"云协同"。

针对"运营监测"和"指挥控制"的管理需求，电费驾驶舱右侧设置了运行监测板块，包括营销概况、全景清单、业务看板和营销动态 4 个模块。营销概况详细地盘点营销专业人、财、物的家底；全景清单反映市场化购售电全景图，从电量预测、代理购电电量采购到市场化电费结算，每个环节要点数据一目了然；业务看板能反映整个电费专业的运行概况以及市场化购售电等业务开展的质效，是电费质量评价结果的重要展示窗口；营销动态可以根据各级管理人员当日最需要关注的要素，通过爬虫技术，每日定时获取行业内外资讯，为各级管理提供情报服务。

电费驾驶舱下方是决策分析区域，部署了大量的自动化分析工具，从管理层面匹配对应的小工具，运用知识图谱、人工智能等数据分析及可视化技术，建立并部署数据模型。例如，在系统中构建"类人脑"分析工具，实现各类电费专题分析结论一图通览、分析报告一键导出；结合指标异常自动告警功能，主动协助电费人员发现问题，通过督办和反馈进行线上流转，实现异常问题全闭环、业务管控有的放矢。

（三）电费驾驶舱业务看板设置

按照效率属性和质量属性，梳理新形势下电费全业务事后评价指标体系，形成能够准确反映电费管理水平的"指标字典"，根据电费管理需求将电费驾驶舱业务看板分为运行概况、电费经营贡献指数、电费作业效能指数、电费管理健康指数、市场化售电情况四个模块。同时，围绕电费抄核收核心业务，构建数字化评价体系，将评分结果嵌入对应业务看板，实现分地市、分区县、分所站的电费作业质量监督评价，提升电费精益化管理水平。

"运行概况"集约经营、贡献以及抄核收账电费全环节作业中关键指标，按照经营情况、经营贡献情况、电费管理总体情况三个维度，为管理人员全景展示电费质量管理整体水平及薄弱环节。运行概况界面设置如图 9-8 所示。

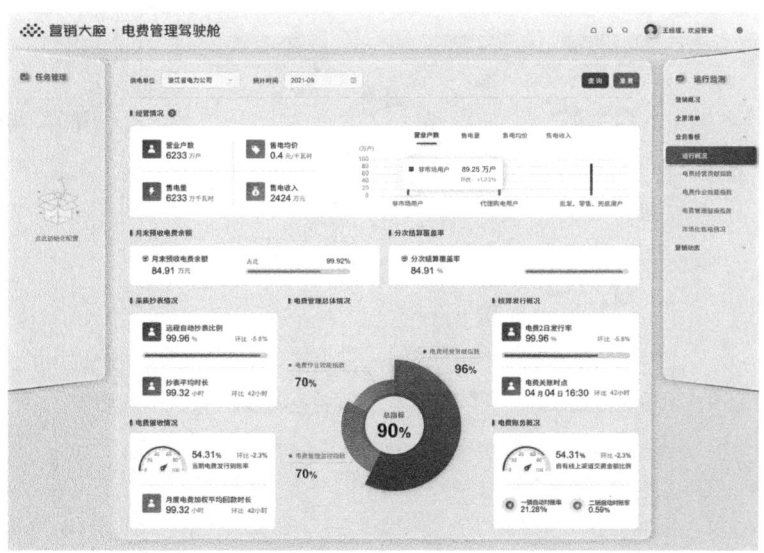

图 9-8　电费驾驶舱业务看板——运行概况

电费经营贡献指数、电费作业效能指数、电费健康管理指数是对运行概况的细化及延伸，分别详细展示了电费资金回款效能情况、电费作业全流程效率情况、电费作业全环节质量情况。具体界面如图 9-9、图 9-10、图 9-11 所示。

"市场化售电情况"按用户侧、售电公司、发电侧三个维度展示市场主体规模、售电规模、交易均价情况，详细界面如图 9-12 所示。

图 9-9　电费驾驶舱业务看板——电费经营贡献指数

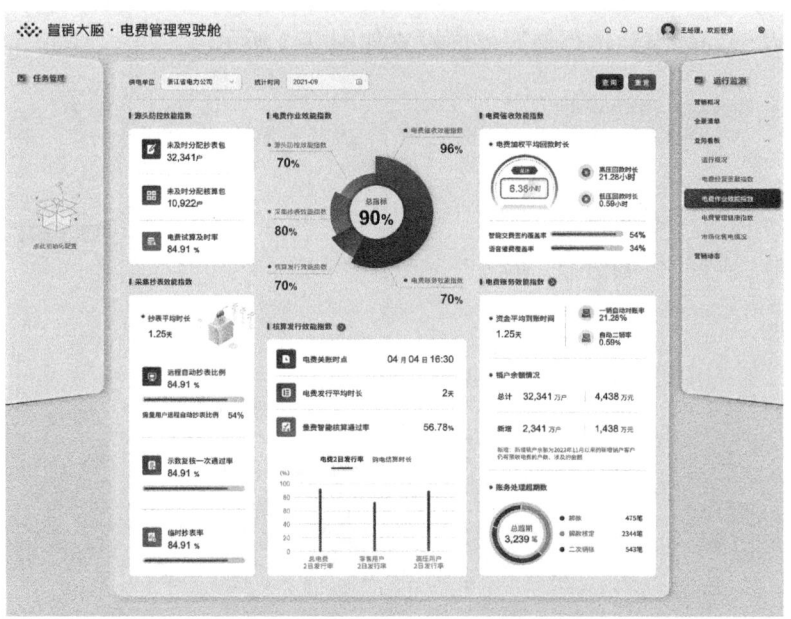

图 9-10　电费驾驶舱业务看板——电费作业效能指数

第九章 电费精益管控业务

图 9-11　电费驾驶舱业务看板——电费管理健康指数

图 9-12　电费驾驶舱业务看板——市场化售电情况

第二节　指标说明书

电费精益管控业务相关看板涉及的指标体系主要分为营销 2.0 系统的电费作业进度

159

指标体系和营销大脑电费驾驶舱的电费作业质量指标体系。

一、电费作业进度关键指标

电费作业进度指标体系由抄核收账全流程指标组成，分为看板主界面、清单详情两大渠道展示。以下按照展示渠道，摘取关键指标进行详细介绍，完整指标体系详见表9-3。

（一）主界面指标

主界面指标主要展示电费全流程实时进展情况，关键指标如下。

1. 未创建计划

【指标定义】抄表例日未创建抄表计划的在途用户数量、抄表计划创建完成率。其中，完成率=该环节用户数/全环节所有用户数。

【指标意义】用于监控由系统原因或人为原因，例如新装用户归档后未及时分配抄表包、核算包，正常合约量费计划终止后未及时发起临时抄表计划等，造成量费计划未及时发起的情况，确保应出账尽出账。

2. 各环节异常工单处理情况（抄表）

【指标定义】显示计划创建、数据准备、示数获取、示数审核四个环节异常工单待处理数量、已处理数量。

【指标意义】展示抄表在途全环节代办工单情况，方便专职、班组长对抄表进度有全面了解，助力做好抄表环节进度管控。

3. 业务员异常处理情况排名（抄表）

【指标定义】按业务人员维度展示抄表环节异常工单待处理情况及已处理情况。

【指标意义】业务人员可直观了解账号下代办工单数量情况，同时也方便专职、班组长对业务人员抄表作业进度有全面清晰的了解。

4. 待补抄用户信息

【指标定义】按抄表员维度展示待补抄用户数、已补抄用户数。

【指标意义】抄表人员可直观了解待补抄用户数量以及完成情况，同时也方便专职、班组长对现场补抄工作进度有全面清晰的了解。

5. 电费实时发行率

【指标定义】在分次及终次结算时，展示电费发行进度。电费发行率（%）=已发行用户数/应发行用户数。

【指标意义】直观展示当前电费结算进度，便于专职、班组长监控电费发行进度。

6. 全流程异常总数

【指标定义】电费流程计划发起到发行过程中待处理的异常工单数。

【指标意义】直观展示当前电费结算待处理、异常工单等情况，便于专职、班组长根据工单数量做好过程督办管控。

7. 市场化量费推送进度

【指标定义】按照市场化用户属性维度，展示批发、零售用户电量推送完成率；按照供电单位维度，展示零售量费推送完成率。

【指标意义】批发电量需要1日完成电量推送，零售电费需要在2日内完成电费发行。该指标展示有利于市场化量费进度管控，确保在规定时间节点内完成对应工作，避免影响后续关账效率。

8. 市场化量费反馈进度

【指标定义】展示省交易中心反馈批发结算依据完成率、售电公司反馈零售电费确认结果完成率。按售电公司维度，展示零售量费反馈进度。

【指标意义】便于地市公司了解省侧业务进度，做好后续环节作业处理。

9. 各环节异常工单处理情况（核算）

【指标定义】量费计算、量费核算、量费发行3个环节异常工单待处理数量、已处理数量，其中能源量异常、计算异常分别放到量费核算、量费发行特别标注展示。

【指标意义】展示电费核算发行在途全环节代办工单情况，方便专职、班组长对电费发行进度有全面了解，助力做好核算环节进度管控。

10. 业务员异常处理情况排名（核算）

【指标定义】按业务人员维度展示核算环节异常工单待处理情况及已处理情况。

【指标意义】业务人员可直观了解账号下代办工单数量情况，同时也方便专职、班组长对业务人员核算作业进度有全面清晰的了解。

11. 售电公司异常反馈及复核情况

【指标定义】展示售电公司反馈零售电费异常用户总数、业务人员复核进度。

【指标意义】零售套餐模式下，电费发行后会将零售电费自动推送至售电公司进行审核确认。售电公司48小时内确认完毕，业务人员对售电公司反馈异常的需要进行二次复核，并在关账前完成问题用户退补处理。专职、班组长及核算人员可通过该指标直观了解售电公司异常反馈及复核进度，避免遗漏造成误关账。

12. 电费回收率

【指标定义】展示应收总金额、欠费金额、电费回收率，其中电费回收率＝（1－欠费金额/电费发行总金额数）×100%。

【指标意义】便于营销分管主任、专职、班组长了解对应辖区当前电费回收进度，做好过程管控。

13. 解款环节进度

【指标定义】展示本单位解款环节进度，剔除线上缴费数据，未完成笔数及金额，

超期笔数及金额

【指标意义】解款需要当日完成，便于做好进度管控，避免超期。

14. 解款核定环节进度

【指标定义】展示本单位解款核定环节进度，超过3个工作日未处理判定为超期，同时剔除线上缴费数据。

【指标意义】解款当天起算，超过3个工作日为超期，例如1日解款，3日前须完成解款核定。通过信息展示，避免因人员交接或业务人员失误造成工作遗漏。

15. 二次销账环节进度

【指标定义】展示本单位二次销账环节进度，超过5个工作日未处理判定为超期。

【指标意义】解款核定当天起算，超过5个工作日为超期，例如1日解款核定，5日前须完成二次销账。通过信息展示跟踪电费资金到账进度，督促财务人员及时做好二次销账工作。

16. 销户余额退费互转在途超期情况

【指标定义】展示用户退费在途超期工单（超5个工作日）、预收互转在途超期工单（超3个工作日）。

【指标意义】便于专职、班组长了解超期情况，做好过程督办，提升销户余额清退效率。

（二）清单详情

清单详情指标主要为电费进度管控过程中所需的用户详细清单，关键指标如下。

1. 连续3个月为同一电量（非零）的用户

【指标定义】连续3个月抄表电量为同一电量（剔除定量用户）（应剔除非手工抄表用户）。

【指标意义】根据用户清单核查抄表人员是否存在未按照用户实际用电规范抄表的情况，便于抄表质量管理提升。

2. 连续6个月零电量用户清单

【指标定义】连续6个月抄表电量0的用户（含手工抄表用户），剔除暂停、强停用户。

【指标意义】根据用户清单核查抄表人员是否存在为避免客户电费产生违规抄零、计量装置及采集系统发生故障导致用户电量漏记等情况，便于抄表质量管理提升。

3. 新装用户及发电户未分配抄表包清单

【指标定义】展示新装用户及发电户未分配抄表包清单，包含户号、户名、新装归档时间、用电地址、供电线路等信息。

【指标意义】便于业务人员核查是否存在未及时分配抄表包的用户，在结算前及时维护到位，确保后续结算正常开展，避免应出账未出账问题发生。

4. 电价与运行表计度器类型不匹配用户清单

【指标定义】有功总、计度器类型是否重复，电价费率与表计计度器、无功与无功计度器、需量电价与需量计度器是否匹配，展示对应用户信息及缺失的计度器类型。

【指标意义】电价与表计计度器不匹配将导致电费结算差错，因此通过该清单，业务人员可提前做好用户档案数据治理，提升电费计算准确性的同时，提升电费结算效率。

5. 需考核功率因数但采集系统未投入无功任务的低压用户清单

【指标定义】营销系统中功率因数考核方式为"标准考核"，但采集系统中采集方案或上报方案中缺少"低压日冻结－四象无功电能"任务的低压用户清单。

【指标意义】需考核功率因数的用户，若未投入无功任务将导致力调电费计算错误。通过该清单，业务人员可提前做好用户档案数据治理，提升电费计算准确性的同时，提升电费结算效率。

6. 应出账未出账用户清单

【指标定义】展示当前电费年月应出账未出账用户清单，剔除趸售、暂拆、虚拟倍率用户。

【指标意义】便于业务人员关账前核查未出账用户清单，确保应出账尽出账。

7. 新装用户及发电户未分配核算包用户清单

【指标定义】展示新装用户及发电户未分配核算包清单，包含户号、户名、新装归档时间、用电地址、供电线路等信息

【指标意义】便于业务人员核查是否存在未及时分配核算包的用户，在结算前及时维护到位，确保后续结算正常开展，避免应出账未出账问题发生。

8. 核算包当前抄表年月与最后年月不一致用户清单

【指标定义】统计核算包当前抄表年月与最后年月不一致的用户清单。

【指标意义】便于业务人员结算前及时调整核算包年月，确保所有用户的量费计划正常发起，提升结算效率，同时避免出现应出账未出账问题。

9. 高压用户未设置分次结算清单

【指标定义】高压用户未设置分次结算清单，包含单位、电费年月、户号、户名、立户日期等信息。

【指标意义】用于地市公司推广高压电费分次结算，提高分次结算率。

10. 回款时长超××天的用户清单

【指标定义】查询回款时长超××天的用户清单，天数可自行设置，包含单位、电费年月、户号、户名、地址、用户分类、回款时长、电费金额、缴费方式等信息。

【指标意义】便于地市公司锁定回款困难用户清单，有的放矢地提升电费回收效率。

11. 一户多人口用户需续签用户清单

【指标定义】一户多人口有效期在 3 个月内的用户清单，包括单位、有效标志、户号、户名等信息。

【指标意义】便于基层开展主动服务，提醒用户及时续办一户多人口业务。

表 9-3　电费作业进度指标体系

主题	版面	备注	指标名称	定义说明
抄表	主界面	—	未创建计划	抄表例日未创建抄表计划的在途用户数量、完成率 完成率 = 该环节用户数 / 全环节所有用户数
			计划创建	结算周期，抄表计划创建环节在途用户数、完成率 完成率 = 该环节用户数 / 全环节所有用户数
			数据准备	数据准备环节在途用户数，完成率 完成率 = 该环节用户数 / 全环节所有用户数
			示数获取	示数获取环节在途用户数、完成率 完成率 = 该环节用户数 / 全环节所有用户数
			示数审核	示数审核环节在途用户数、完成率 完成率 = 该环节用户数 / 全环节所有用户数
			各环节异常工单处理情况	计划创建、数据准备、示数获取、示数审核四个环节异常工单待处理数量、已处理数量
			业务员异常处理情况排名	按业务人员展示抄表环节异常工单待处理情况及已处理情况
			待补抄用户信息	按抄表员展示待补抄用户数、已补抄用户数
			示数审核异常规则实时触发率	规则触发率 = 触发规则数 / 抄表用户数
	清单详情（主界面自动跳转）	—	抄表例日未生成抄表计划用户清单	抄表例日未生成抄表计划用户清单，包括正常合约计划未发起的、合约计划终止后未发起临时抄表计划的
			计划创建环节在途用户清单	计划创建环节在途用户清单
			数据准备在途用户清单	数据准备在途用户清单
			示数获取在途用户清单	示数获取在途用户清单
			示数审核在途用户清单	示数审核在途用户清单

续表

主题	版面	备注	指标名称	定义说明
			各环节异常工单处理清单	计划创建、数据准备、示数获取、示数审核四个环节异常工单待处理用户清单
			业务员异常处理情况排名清单	点更多,展示所有业务员异常处理情况排名清单
			待补抄用户清单	待补抄用户清单
			示数审核异常规则实时触发清单	触发规则用户清单
	清单详情	事后	手工抄表明细清单	当月手工抄表明细,剔除业务流程内手工录入、暂停和强停用户、销户用户、用户设备信息变压器全停用户
		事后	连续3个月为同一电量(非零)的用户	连续3个月抄表电量为同一电量(剔除定量用户)(应剔除非手工抄表用户)
		事后	连续6个月零电量用户清单	连续6个月抄表电量0的用户(含手工抄表用户),剔除暂停、强停用户
		事后	出账示数与月末冻结数据不一致用户清单	月末终次出账时,按用户类别展示出账示数与月末冻结数据不一致用户清单(排除无功示数)
		事前	新装用户及发电户未分配抄表包清单	新装用户及发电户未分配抄表包清单
		事后	抄表异常用户明细(出账后)	出账后抄表异常用户明细(翻度、峰谷不平、负电量、起止度不连续)
		事中	未生成异常工单的抄表计划清单	统计抄表环节提示有异常却未生成异常工单的抄表计划清单
		事前	表计类型与电价不匹配用户清单	查询表计类型与电价不匹配用户清单
		事前	电价与运行表计度器类型不匹配用户清单	查询存在以下情况的用户清单:是否存在有功总、计度器类型是否重复、电价费率与表计计度器匹配、无功与无功计度器匹配、需量电价与需量计度器匹配

续表

主题	版面	备注	指标名称	定义说明
		事前	需考核功率因数但采集系统未投入无功任务的低压用户清单	查询营销系统中功率因数考核方式为"标准考核",但采集系统中采集方案或上报方案中缺少"低压日冻结-四象无功电能"任务的低压用户清单
		事后	回退流程清单	电费结算发行过程中发生过回退抄表环节的流程清单
		事前	每月最后3天采集工单未消缺数	每月最后3天采集工单未消缺数
		事前	每月最后3天采集工单未消缺清单	统计每月最后3天采集工单未消缺用户清单
		事前	每月最后3天业扩流程未归档清单	统计每月最后3天仍在途的新装(增容)、改类等业扩变更类流程
核算	主界面	—	电费实时发行率	分次及终次结算时,展示已发行用户实时情况,整点更新 电费发行率(%)=已发行用户数/应发行用户数
			电费关账情况	电费关账率、未关账区县数
			全流程异常总数	电费流程计划发起到发行过程中待处理的异常工单数
			未发行户数	分次及终次结算时,展示未发起抄表计划及已发起抄表计划但未完成发行的用户数之和
			量费计算	在途用户数量、完成率 完成率=该环节用户数/全环节所有用户数
			量费审核	在途用户数量、完成率 完成率=该环节用户数/全环节所有用户数
			量费发行	在途用户数量、完成率 完成率=该环节用户数/全环节所有用户数
			电费试算	在途数量、完成率
			电费二次复核	在途用户数、完成率
			市场化量费推送进度	①批发、零售用户交割电量推送完成率 ②供电单位维度,零售量费推送完成率
			市场化量费反馈进度	①交易中心反馈批发结算依据完成率;售电公司反馈零售确认结果完成率。 ②售电公司维度,零售量费反馈进度

续表

主题	版面	备注	指标名称	定义说明
			退补在途情况	展示在途的市场化和非市场化用户情况，市场化用户再做细分
			各环节异常工单处理情况	量费计算、量费核算、量费发行3个环节异常工单待处理数量、已处理数量，其中能源量异常、计算异常分别放到量费核算、量费发行特别标注展示
			业务员异常处理情况排名	按业务人员展示核算环节异常工单待处理情况及已处理情况
			售电公司异常反馈及复核情况	零售套餐上线后，展示售电公司反馈异常用户总数、业务人员复核进度
			核算异常规则实时触发率	规则触发率＝触发规则数/核算用户数
	清单详情（主界面自动跳转）	—	未关账区县清单	未关账区县清单
			未发行用户清单（实时）	分次及终次结算时，展示未发起抄表计划及已发起抄表计划但未完成发行的用户清单
			电量计算在途用户清单	电量计算在途用户清单
			量费计算异常环节在途用户清单	展示电量审核、电费计算在途用户清单
			量费核算在途用户清单	量费核算在途用户清单
			量费发行在途用户清单	量费发行在途用户清单
			电费试算在途用户清单	试算在途用户清单
			电费二次复核在途用户清单	电费二次复核在途用户清单
			市场化量费未推送用户清单	市场化量费应推未推用户清单
			市场化量费未反馈的用户清单	市场化量费未反馈的用户清单

续表

主题	版面	备注	指标名称	定义说明
			退补在途清单	退补在途清单
			各环节异常工单处理清单	电量计算、电量审核、电费计算、量费核算、量费发行五个环节异常工单待处理用户清单
			售电公司异常反馈及复核清单	零售套餐上线后，展示售电公司反馈异常用户总数、业务人员复核进度
			核算异常规则实时触发清单	触发规则用户清单
清单详情		事中	应出账未出账用户清单	展示当前电费年月应出账未出账用户清单，剔除冠售、暂拆、虚拟倍率用户
		事前	转供户与被转供户不在同一个核算包用户清单	转供户与被转供户不在同一个核算包用户清单
		事前	主户与其关联户不在同一个核算包用户清单	主户与其关联户不在同一个核算包用户清单
		事前	新装用户及发电户未分配核算包用户清单	新装用户及发电户未分配核算包用户清单
		事后	按审核规则查询异常用户清单	按审核规则查询历史月份曾报过异常的用户清单
		事前	超长退补工单	在途时间超过1个月的退补流程清单
		事后	按差错类型统计退补笔数	统计不同差错类型退补笔数
		事后	退补明细	统计所有退补用户明细
		事前	核算包当前抄表年月与最后年月不一致用户清单	统计核算包当前抄表年月与最后年月不一致的用户清单
		事中	当月绿电用户清单	展示当月绿电用户详细信息的清单
		事前	用户属性与核算包属性不匹配清单	用户属性与核算包属性不匹配清单

第九章 电费精益管控业务

续表

主题	版面	备注	指标名称	定义说明
收费账务	主界面	—	电费回收率-实时	（1-欠费金额/电费发行总金额数）×100%，应收总金额、欠费金额
			收费环节进度	展示本单位收费环节进度
			解款环节进度	展示本单位解款环节进度，剔除线上缴费数据
			解款核定环节进度	展示本单位解款核定环节进度，超过3个工作日未处理判定为超期，剔除线上缴费数据
			银行对账环节进度	展示本单位银行对账环节进度
			二次销账环节进度	展示本单位二次销账环节进度，超过5个工作日未处理判定未超期
			预收互转在途情况	展示预收互转流程在途情况
			退费在途情况	展示退费在途情况
			单边账处理情况	按缴费渠道展示单边账待处理数及金额
			催费员电费回收率	（1-欠费金额/电费发行总金额数）×100%
			语音催费情况	按催费员展示语音催费情况
			欠费复电失败情况	展示本单位欠费复电失败情况
			专票未开数	增值税专票用户电费结清后未完成电费专票开具的用户数
			销户余额退费互转在途超期情况	1.用户退费在途超期工单（超5个工作日） 2.预收互转在途超期工单（超3个工作日）
	清单详情（主界面自动跳转）	—	欠费用户清单	可按催费员查询并导出的欠费用户清单
			解款在途清单	收费后未解款清单
			解款超期清单	用户缴费后24小时内未完成解款的清单
			解款核定在途清单	解款后未核定清单
			解款核定超期清单	解款核定超期清单

169

续表

主题	版面	备注	指标名称	定义说明
			银行对账在途清单	银行对账在途清单
			银行对账超期清单	银行对账超期清单
			二次销账在途清单	二次销账在途清单
			二次销账超期清单	二次销账超期清单
			退费（含预收互转）在途用户清单	查询退费（含预收互转）在途用户清单
			单边账用户清单	单边账用户清单
			语音催费失败用户清单	语音催费失败用户清单
			欠费停复电在途清单	欠费停复电在途清单
			专票未开清单	增值税专票用户电费结清后未完成电费专票开具的用户清单
			销户余额退费互转在途清单	销户余额退费互转在途清单
清单详情		事后	催费员平均回收时长	[∑（电费一次销账时间－电费发行时间）/总电费笔数］/24
		事前	高压用户未设置分次结算清单	高压用户未设置分次结算清单
		事中	智能语音催费未跟进处理用户清单	智能语音催费未跟进处理用户清单
		事后	跨考核期冲正笔数	存在收费时间为历史自然月，冲正时间为本月，且单笔冲正金额超过1万元的笔数
		事中	超24小时收费更正明细	超24小时收费更正明细

第九章 电费精益管控业务

续表

主题	版面	备注	指标名称	定义说明
		事前	回款时长超××天的用户清单	查询回款时长超××天的用户清单
		事中	长期在途银行流水清单	统计查询挂账资金，即一直在途的银行流水清单
		事前	增值税专票信息与户名、抬头名不一致清单	统计增值税专票信息与户名、抬头名不一致清单
		事后	转供电费码审核进度管控清单	查询转供电费码审核进度
		事后	账务业务流程回退清单	查询账务业务流程回退清单，包含退费、预收互转、违约金免计等流程
		事中	银行代扣执行失败清单	实时统计当天代扣失败清单，包含E户通失败用户
		事前	一户多人口用户需续签用户清单	一户多人口有效期在3个月内的用户清单
		事前	分次结算标志与核算包属性不符清单	已维护分次结算用户未在分次结算核算包或分次结算核算包中用户未维护分次结算违约金的用户清单
		事前	分次结算协议到期用户清单	分次结算协议有效期为当月的用户清单
		事中	按欠费金额查询欠费用户明细	业务中会碰到用户通过银行转账至电费户，但用户银行名称与电力户名不一致，且未告知收费人员交，收费人员无法收费。通过按欠费金额查询欠费用户明细，可以查到对应用户。
		事前	智能缴费用户清单	当前有效的智能缴费用户明细
		事后	银行代扣执行情况	导出有绑定银行代扣但3个月（含）以上未执行代扣用户清单

171

二、电费作业质量关键指标

电费作业质量指标体系基于国网总部、省公司年度指标，并结合电费管理实际需求，形成电费事后评价质量指标体系，分为运行概况、市场化售电情况、电费经营贡献指数、电费作业效能指数、电费管理健康指数五大模块。以下将摘取关键指标进行详细介绍，完整指标体系详见表9-4。

表9-4 电费作业质量指标体系

主题	版面	指标名称	指标定义
业务看板	运行概况	经营概况：售电量	①辖区总售电量 ②按不同用户类型：非市场用户、间接入市用户、直接入市用户的售电电量、同比 ③按近半年售电量变化趋势：同比、售电电量 ④按各单位售电量：体现平均值
业务看板	运行概况	经营概况：售电均价	售电均价=发行总应收/发行总电量（总应收/总结算电量） ①辖区总售电均价 ②按不同用户类型：非市场用户、间接入市、直接入市用户的售电均价、环比 ③近半年售电均价变化趋势：售电均价、环比 ④各单位售电均价：体现平均值
业务看板	运行概况	经营概况：售电收入	售电收入=剔除实收违约金和业务费都属于售电收入 ①辖区总售电收入 ②按不同用户类型：非市场用户、间接入市、直接入市用户的售电收入、同比 ③近半年售电收入变化趋势：同比、售电收入 ④各单位售电收入：体现平均值
业务看板	运行概况	经营概况：营业户数	①辖区总营业户数 ②按不同用户类型：非市场用户、间接入市用户、直接入市用户的售电电量、环比 ③近半年营业户数变化趋势：户数、环比 ④各单位营业户数：体现平均值
业务看板	运行概况	月末预收电费余额	展示该辖区月末预收电费余额、月末预收电费余额占比，其中：月末预收余额占比=（月末预收电费余额/全月应收总电费）×100%
业务看板	运行概况	分次结算签约覆盖率	展示该辖区分次结算覆盖率，其中：分次结算用户覆盖率=分次结算用户数/当月出账高压用户总数×100%
业务看板	运行概况	采集抄表概况：远程自动抄表比例	远程自动抄表率=统计期内（已完成的采用远采集抄方式抄表的表计数/当期已完成抄表的表计总数）×100% 统计期：统计月上月电费账期 展示远程自动抄表率、环比

续表

主题	版面	指标名称	指标定义
业务看板	运行概况	采集抄表概况：抄表平均时长	抄表平均时长=[∑（自动化抄表示数复核结束时间−系统数据准备开始时间）/当期总电费笔数]/24 展示平均时长、环比（单位：天）
业务看板	运行概况	核算发行概况：电费2日发行率	2日电费发行率=统计期内（已发行用户数/应发行用户数）×100% 统计期：统计月1日0时至2日24时 展示电费2日发行率、环比
业务看板	运行概况	核算发行概况：电费关账时长	展示最后关账时点、环比
业务看板	运行概况	电费催收概况：当期电费发行到账率	当期电费发行到账率=统计月（电费发行后通过预收电费、分次结算等方式回收金额/当月应收电费金额）×100%。 统计时点：现阶段为次月10日0时 展示当期电费发行到账率，环比
业务看板	运行概况	电费催收概况：月度电费加权平均回款时长	电费加权平均回款时长=∑每月每笔电费回收时长×该笔电费金额/当月实收电费总金额 统计时点：电费账期次月月末日24时 月度电费加权平均回款时长、环比
业务看板	运行概况	电费账务概况：自有线上渠道缴费金额比例	自有线上渠道缴费金额比例=统计期内（自有线上渠道缴费金额/缴费总金额）×100% 自有线上渠道含"网上国网"、95598网站、电e宝、电费网银等。 统计期：统计月上月。 统计时点：统计月月末24时 展示自有线上渠道缴费金额比例、环比
业务看板	运行概况	电费账务概况：自动对账率	电费一销自动对账率、电费二销自动对账率
业务看板	市场化售电情况	市场主体规模：用户侧	①中长期情况：批发、零售、兜底、代理购电用户数、占总市场用户数比例、户数环比增减数 ②绿电情况：绿电用户总数，环比；绿电用户中批发、零售、兜底、代理购电用户数及占比 ③弹窗展示签约固定价格套餐、比例分成套餐、市场联动套餐的用户数、占比 特别注意：统计时按户统计，一个用户若签约了多个套餐，属于一户

续表

主题	版面	指标名称	指标定义
业务看板	市场化售电情况	市场主体规模：售电公司	①代理本辖区零售用户的售电公司总数、环比增减数 ②弹窗分别展示售电公司按属性、按盈亏的分布数量及其占比。其中按属性分为：电网企业背景的售电公司、发电企业背景的售电公司、其他售电公司。按盈亏分为：收益、亏损
业务看板	市场化售电情况	市场主体规模：发电企业	①展示发电企业总数量 ②弹窗展示省统调发电企业、非省同调发电企业、外来电线路数量、占比
业务看板	市场化售电情况	市场售电规模：用户侧	①中长期情况：批发、零售、兜底、代理购电用户实际参与售电市场的电量、占比、电量环比情况 ②绿电情况：绿电总电量，环比；绿电用户中批发、零售、兜底、代理购电用户的绿电电量及占比 ③弹窗展示签约固定价格套餐、比例分成套餐、市场联动套餐的电量规模、占比
业务看板	市场化售电情况	市场售电规模：售电公司	①售电公司结算总电量、环比增减数 ②弹窗分别展示售电公司按属性、按盈亏的售电规模及其占比。其中按属性分为：电网企业背景的售电公司、发电企业背景的售电公司、其他售电公司。按盈亏分为：收益、亏损
业务看板	市场化售电情况	市场售电规模：发电企业	省统调发电企业结算电量
业务看板	市场化售电情况	市场交易均价	①总市场交易均价，市场交易均价＝除去输配电费、基本电费、力调电费、基金附加后的电费/总电量 ②总到户均价，到户均价＝工商业总电费/工商业总电量 ③代理购电排名 ④按用户属性维度展示批发、零售、兜底市场交易均价及绿电交易均价；按零售套餐维度展示不同零售套餐类型（比例分成、市场联动、固定价格）市场交易均价 ⑤弹窗展示代理购电用户交易均价、浙江代理购电价格在全国网的排名（从高到低排序）以及历月变迁情况
业务看板	电费经营贡献指数	月末预收电费余额	①展示该辖区月末预收电费余额、月末预收电费余额占比；以及各用户分类（高压、低压非居、低压居民）维度下的情况 ②弹窗形式展示按各单位、近半年趋势展示月末预收电费余额、月末预收余额占比 其中：月末预收余额占比＝（月末预收电费余额/全月应收总电费）×100%

续表

主题	版面	指标名称	指标定义
业务看板	电费经营贡献指数	分次电费占高压总电费比例	①展示该辖区分次电费占高压总电费比例 ②弹窗形式展示按各单位、近半年趋势展示分次电费占高压总电费比例 分次电费占高压总电费比例 = 分次已发行电费 / 全月高压应收总电费 ×100%
业务看板	电费经营贡献指数	分次结算签约覆盖率	①展示该辖区分次结算覆盖率,以及按分次期数类型(分2期、分3期、合计等)展示各覆盖率 ②弹窗形式展示按各单位、近半年趋势分次结算用户覆盖率 其中:分次结算用户覆盖率 = 分次结算用户数 / 当月出账高压用户总数 ×100%(区分2次、3次)
业务看板	电费经营贡献指数	分次电费月末回收	①展示该辖区分次电费月末回收率,以及各分次期数类型(分2期、分3期、合计等)展示各回收率 ②弹窗形式展示按各单位、近半年趋势展示分次电费月末回收金额、分次电费月末回收率 其中:分次电费月末回收率 =1-(分次欠费金额 / 分次应收电费)×100%
业务看板	电费经营贡献指数	当期电费发行到账率	①展示该辖区当期电费发行到账率,以及各用户分类(高压、低压非居、低压居民)的到账率 ②弹窗形式展示按各单位、近半年趋势展示当期电费发行到账率 其中:当期电费发行到账率 = 统计月(电费发行后通过预收电费、分次结算等方式回收金额 / 当月应收电费金额)×100% 统计时点:现阶段为次月10日0时
业务看板	电费经营贡献指数	渠道资金分布(只展示不评分)	统计自有线上渠道("网上国网"、95598网站、电费网银)、微信、支付宝、银行代收代扣、营业厅(现金)、倒交、其他等各类渠道缴费金额、金额占比。各单位各类渠道金额及占比情况。
业务看板	电费经营贡献指数	社会救助对象优惠情况(只展示不评分)	①展示该辖区社会救助对象优惠户数、优惠电量、优惠金额 ②弹窗形式展示按各单位、近半年趋势展示社会救助对象用户数(集中供养、分散供养)、优惠电量、优惠金额
业务看板	电费作业效能指数	源头防控效能指数-新装用户及发电户抄表包未及时分配数	①用户新装后未在抄表例日前完成抄表包分配数 ②弹窗展示各单位情况、全省平均

续表

主题	版面	指标名称	指标定义
业务看板	电费作业效能指数	源头防控效能指数：新装用户及发电户核算包未及时分配数	①用户新装后未在抄表例日前完成核算包分配数 ②弹窗展示各单位情况、全省平均
业务看板	电费作业效能指数	源头防控效能指数：电费试算及时率	①总电费试算及时率 ②弹窗展示各单位情况、全省平均 其中电费试算及时率＝3个工作日完成电费试算的用户数/当月电费试算用户总数）×100% 量费事前审核的试算时间作为起始时间、审核时间作为截止时间 分母取审核规则尚未试算用户＋已试算未审核＋再次事中审核
业务看板	电费作业效能指数	采集抄表效能指数：抄表平均时长	①抄表平均时长 ②弹窗展示按各单位、近半年趋势展示抄表平均时长 其中：抄表平均时长＝[∑（自动化抄表示数复核结束时间－系统数据准备开始时间）/当期总电费笔数]/24
业务看板	电费作业效能指数	采集抄表效能指数：远程自动抄表比例	①远程自动抄表比例、需量用户远程自动抄表比例、未通过采集系统抄表的用户数 ②弹窗形式展示按各单位、近半年趋势展示远程自动抄表率 其中：远程自动抄表率＝统计期内（已完成的采用远采集抄方式抄表的表计数/当月应抄表计总数）×100%，含分次、终次、过户、销户。 统计期：统计月上月电费账期
业务看板	电费作业效能指数	采集抄表效能指数：示数复核一次通过率	①示数复核一次通过率 ②弹窗形式展示按各单位、近半年趋势展示示数复核自动通过率 其中：示数复核自动通过率＝（抄表示数复核未跳异常的户数/抄表总户数）×100%
业务看板	电费作业效能指数	采集抄表效能指数：临时抄表率	①临时抄表率 ②弹窗形式展示按各单位、近半年趋势展示临时抄表户数、临时抄表率 其中：临时抄表率＝（发起临时抄表计划的用户数量/当月应抄表用户总数）×100%
业务看板	电费作业效能指数	核算发行效能指数：购售电结算时长	①展示省统调发电企业账单出具时长。单位为天 ②弹窗形式分别按省统调燃气电厂、参与绿电交易新能源电厂、其他电厂维度，展示交易中心结算依据推送时长、营销服务中心出具账单时长 ③售电公司账单出具时长（单位为天） ④弹窗形式展示营销服务中心汇总售电公司数据时长、交易中心批发侧结算依据推送时长、营销服务中心出具账单时长

续表

主题	版面	指标名称	指标定义
			⑤批发用户（现货）批发侧结算时长。单位为天 ⑥弹窗形式展示交易中心结算依据推送时长、营销服务中心推送营销系统批发市场结算数据时长 （该指标数据通过人为线下提供大脑更新，另外弹窗中最好按单位、环节、时长展示）
业务看板	电费作业效能指数	核算发行效能指数：电费发行平均时长	①电费发行平均时长 ②弹窗形式展示按各单位、各用户类型（批发、零售、兜底、代理购电、居民农业）近半年趋势展示电费发行平均时长 其中：电费发行平均时长 =[Σ（电费发行时间 – 系统数据准备开始时间）/ 当期总电费笔数]/24
业务看板	电费作业效能指数	核算发行效能指数：电费关账时点	①电费关账时点（年月日 ×× 时 ×× 分） ②弹窗形式展示按各单位、近半年趋势展示最后关账时点
业务看板	电费作业效能指数	核算发行效能指数：量费智能核算通过率	①量费智能核算通过率 ②弹窗形式展示分别按各单位、近半年趋势展示量费智能核算通过率 其中量费智能核算通过率=（智能核算通过的电费笔数/总电费笔数）×100%，智能核算通过即未被判定为疑似异常
业务看板	电费作业效能指数	核算发行效能指数：未按时结算户数	①应结算未结算用户数，包括未按自然月周期、1日例日抄表，无故暂缓发行电费等 ②弹窗形式展示按各单位、近半年趋势情况
业务看板	电费作业效能指数	核算发行效能指数：电费发行超时户数	①电费结算总时长超过6天，即次月7日及以后发行电费的用户数 ②弹窗形式展示按各单位、近半年趋势情况
业务看板	电费作业效能指数	核算发行效能指数：电费2日发行率	①总电费2日发行率，零售用户2日发行率、高压用户2日发行率 ②弹窗形式展示按各单位、近半年趋势展示2日电费发行率 其中：2日电费发行率=统计期内（已发行用户数/应发行用户数）×100% 统计期：统计月1日0时至2日24时
业务看板	电费作业效能指数	电费催收效能指数：月度电费加权平均回款时长	①总月度电费加权平均回款时长，用户类型（高压、低压）展示月度电费加权平均回款时长 ②弹窗形式展示按各单位、近半年趋势展示月度电费加权平均回款时长

续表

主题	版面	指标名称	指标定义
			其中：电费加权平均回款时长 =Σ 每月每笔电费回收时长 × 该笔电费金额／当月实收电费总金额。 统计时点：起始时间为当天 24 点，当天发行且在当天 24 时费清的，则每笔时长统一按 1 小时计算
业务看板	电费作业效能指数	电费催收效能指数：智能缴费签约覆盖率	①总智能缴费签约覆盖率，低压覆盖率、高压覆盖率 ②弹窗形式展示按各单位展示智能缴费签约覆盖率，全地区平均签约覆盖率 其中：智能缴费签约覆盖率 =（开通智能缴费用户数量／用户总数）×100%
业务看板	电费作业效能指数	电费催收效能指数：语音催费覆盖率	①语音催费覆盖率 ②弹窗形式展示按各单位展示语音催费覆盖率、全地区平均覆盖率 其中：（语音催费用户数量／居民欠费用户总数）×100%
业务看板	电费作业效能指数	电费账务效能指数：电费自动对账比例	①电费一销自动对账率、电费二销自动对账率 ②弹窗形式展示各单位自动对账比例、全地区平均值 其中：电费一销自动对账率 = 统计期内（自动交易对账笔数／交易对账总笔数）×100% 统计口径：自动对账对象为非电力网点缴费，即金融机构、线上渠道（支付宝、微信、"网上国网"）代收代扣、倒交模式。其中倒交自动对账是指用户主动转账到电力资金账户，银行将资金流水推送到营销系统，营业人员通过倒交收费功能将银行资金流水与欠费匹配后进行收费，收费后由系统完成自动解款、解款核定工作；其他代收代扣自动对账根据利润中心、渠道、解款银行配置参数，每天对电力方与银行方对账笔数金额一致进行自动对账确认，完成解款、解款核定工作。 统计时点：每月 1 号统计上月整月。 电费二销自动对账率 = 统计期内（自动二销笔数／二销总笔数）×100% 统计时点：每月 1 号统计上月整月，按月考核
业务看板	电费作业效能指数	电费账务效能指数：资金平均到账时间	①资金平均到账时间 ②弹窗形式展示按各单位展示资金平均到账时间、平均值 其中：[Σ（财务侧到账确认 – 缴费解款时间）／到账笔数]/24
业务看板	电费作业效能指数	电费账务效能指数：销户余额情况	①总销户余额户数、金额；其中当月新增销户余额户数、金额 ②弹窗形式展示按各单位展示总销户余额的户数、金额；当月新增销户余额户数、金额

第九章　电费精益管控业务

续表

主题	版面	指标名称	指标定义
业务看板	电费作业效能指数	电费账务效能指数：账务处理及时性	①总超期笔数，以及解款、解款核定、二次销账超期笔数 ②弹窗形式展示按各单位展示解款、解款核定、二次销账超期笔数
业务看板	电费管理健康指数	档案质量情况	①问题总数、环比增减数 ②明细情况：电价与系统设置不匹配、电价与表计不匹配、计量点与表计不匹配 电价与系统设置不匹配包括：执行电价与分时标志不一致、基本电价策略与电价不匹配。电价与表计不匹配包括：执行电价与计度器示数不一致、需量用户缺失需量计度器、居民峰谷电价安装了非居民时段表。计量点与表计不匹配包括：售电侧结算实抄计量点无实抄表计、非实抄计量点下存在运行表计、发电户计量点用途错误。 ③弹窗形式展示按各单位、各问题（执行电价与分时标志不一致、基本电价策略与电价不匹配、执行电价与计度器示数不一致、需量用户缺失需量计度器、居民峰谷电价安装了非居民时段表、售电侧结算实抄计量点无实抄表计、非实抄计量点下存在运行表计、发电户计量点用途错误）维度的数量
业务看板	电费管理健康指数	电费差错情况	①年度电费差错笔数、年度电费差错率、月度电费差错笔数、月度电费差错率 ②弹窗形式展示按单位、差错类型展示年度累计电费差错笔数、年度电费差错率、月度电费差错笔数、月度电费差错率 其中：电费差错率=统计期内（本年用电户的累计差错笔数/本年累计发行笔数）×100% 统计期：统计年1月至统计月上月 统计时点：统计月次月10日 差错定义：营销2.0系统中电费退补流程选择退补原因为电价差错、抄表差错、计费差错、档案差错、拆表差错、计量装接差错纳入统计
业务看板	电费管理健康指数	零售电费质量情况	①售电公司异常反馈数、复核确为异常数、复核确为异常数量占比（复核确为异常数量占比=复核确为异常数/售电公司异常反馈数） ②弹窗形式按各单位、售电公司维度展示售电公司异常反馈数量、复核确为异常的数量
业务看板	电费管理健康指数	电费服务客户满意情况	①95598抄催类意见工单数、投诉工单数 ②弹窗形式展示按各单位维度、工单类型（抄表收费、缴费差错更正、电费账单寄送、欠费复电登记、欠费停复电、收费）展示工单数 ③智能语音催费外呼有效率=[1-（语音催费需更新信息工单+停机工单+空号工单/当月发起语音催费总次数）]×100% ④弹窗形式展示各单位维度外呼有效率

（一）运行概况

运行概况体现辖区量价费以及效能、质量、贡献方面的总体情况，关键指标有售电量、售电均价、售电收入和营业户数，四个指标均按总辖区、不同用户类型（非市场用户、间接入市用户、直接入市用户）、近半年变化趋势进线展示。

（二）市场化业务情况

市场化业务情况体现市场主体规模、售电规模及市场均价情况，关键指标如下。

1. 市场主体规模

【指标定义】从中长期（批发、零售、兜底、代理购电）、绿电、零售套餐（固定价格套餐、比例分成套餐、市场联动套餐）维度展示户数及占比。

【指标意义】全方位展示辖区市场化用户规模情况。

2. 市场售电规模

【指标定义】从中长期（批发、零售、兜底、代理购电）、绿电、零售套餐（固定价格套餐、比例分成套餐、市场联动套餐）维度展示电量及占比。

【指标意义】全方位展示辖区市场化用户电量情况。

3. 市场交易均价

【指标定义】从总体情况、代理购电排名、用户属性（批发、零售、兜底及绿电）、零售套餐（比例分成、市场联动、固定价格）市场交易均价。

【指标意义】全方位展示辖区市场化用户交易均价情况。

（三）电费经营贡献指数

电费经营贡献指数体现经营效能类评价指标，关键指标如下。

1. 分次电费占高压总电费比例

【指标定义】分次电费占高压总电费比例 = 分次已发行电费/全月高压应收总电费 ×100%。

【指标意义】通过展示分次电费比例，促进分次结算业务推广，促进整体电费回收效率。

2. 当期电费发行到账率

【指标定义】当期电费发行到账率 = 统计月（电费发行后通过预收电费、分次结算等方式回收金额/当月应收电费金额）×100%。统计时点现阶段为次月10日0时。

【指标意义】以9月电费为例，10月5日关账后，在10月10日统计9月电费回收率，该指标越高，电费资金回笼效率越高。

（四）电费作业效能指数

电费作业效能指数体现作业效率类质量评价指标，关键指标如下。

1. 电费试算及时率

【指标定义】电费试算及时率 = 3个工作日完成电费试算的用户数/当月电费试算

用户总数）×100%。量费事前审核的试算时间作为起始时间、审核时间作为截止时间；分母取审核规则尚未试算用户+已试算未审核+再次事中审核。

【指标意义】强化电费事前试算，源头防控各类档案问题，不断提升正式结算准确性及作业效率。

2. 远程自动抄表比例

【指标定义】远程自动抄表率=统计期内（已完成的采用远采集抄方式抄表的表计数/当期应抄表计总数）×100%，含分次、终次、过户、销户。

【指标意义】展示辖区采集及现场补抄质量，原则上抄表数据百分百来自采集系统。

3. 示数复核一次通过率

【指标定义】示数复核自动通过率=（抄表示数复核未跳异常的户数/抄表总户数）×100%。

【指标意义】示数复核通过率越高，抄表人员示数复核压力越小，体现辖区抄表作业质量。

4. 电费关账时点

【指标定义】按辖区、近半年趋势展示最后关账时点。

【指标意义】便于管理人员了解辖区及下级单位关账效率。

5. 量费智能核算通过率

【指标定义】量费智能核算通过率=（智能核算通过的电费笔数/总电费笔数）×100%，智能核算通过即未被判定为疑似异常。按辖区、近半年趋势展示量费智能核算通过率。

【指标意义】量费智能核算通过率越高，核算人员电费审核压力越小，体现辖区抄表、用户档案维护、数据治理工作质量。

6. 电费2日发行率

【指标定义】2日电费发行率=统计月1日0时至2日24时（已发行用户数/应发行用户数）×100%，按总体、零售用户、高压用户维度展示2日发行率。

【指标意义】便于管理人员了解辖区电费发行效率。

7. 月度电费加权平均回款时长

【指标定义】电费加权平均回款时长=Σ每月每笔电费回收时长×该笔电费金额/当月实收电费总金额。统计起始时间为当天24点。

【指标意义】体现辖区电费回款效率，高压用户回款越快，总体回款时长越短。

8. 电费自动对账比例

【指标定义】电费一销自动对账率=统计期内（自动交易对账笔数/交易对账总笔数）×100%，自动对账对象为非电力网点缴费，即金融机构、线上渠道（支付宝、微信、"网上国网"）代收代扣、倒交模式。其中倒交自动对账是指用户主动转账到电力资金账户，银行将资金流水推送到营销系统，营业人员通过倒交收费功能将银行资金流水与欠费匹配后进行收费，收费后由系统完成自动解款、解款核定工作；其他代收代扣自动对账根据利润中心、渠道、解款银行配置参数，每天对电力方与银行方对账笔数金额一致进行自动对账确认，完成解款、解款核定工作。电费二销自动对账率＝统计期内（自动二销笔数/二销总笔数）×100%。统计时点为每月1号统计上月整月。

【指标意义】自动对账率越高，人工处理压力越小，原则上自动对账率达到99%及以上。

（五）电费管理健康指数

电费管理健康指数体现质量管理类评价指标，关键指标如下：

1. 档案质量情况

【指标定义】电价与系统设置不匹配、电价与表计不匹配、计量点与表计不匹配问题数及环比情况。电价与系统设置不匹配包括：执行电价与分时标志不一致、基本电价策略与电价不匹配。电价与表计不匹配包括：执行电价与计度器示数不一致、需量用户缺失需量计度器、居民峰谷电价安装了非居民时段表。计量点与表计不匹配包括：售电侧结算实抄计量点无实抄表计、非实抄计量点下存在运行表计、发电户计量点用途错误。

【指标意义】反映用户业务档案情况，通过强化用户档案治理，不断提升电费结算效率。

2. 电费差错情况

【指标定义】电费差错率＝统计期内（本年用电户的累计差错笔数/本年累计发行笔数）×100%，统计期为统计年1月至统计月上月。差错定义为，营销2.0系统中电费退补流程选择退补原因为电价差错、抄表差错、计费差错、档案差错、拆表差错、计量装接差错纳入统计。

【指标意义】电费差错率越低，体现业扩档案、计量装接、业务流程、抄表结算质量越高，通过该指标展示，促进各市县（区）公司做好电费差错管控。

第三节　实用案例

一、电费差错异常监测

电费管理人员往往通过电费差错率指标来管控电费结算及营业业务办理质量。电费差错率为人为差错引起的电费退补占总发行电费笔数的比例，其中人为差错主要是指营销2.0系统中选择退补原因为电价差错、抄表差错、计费差错、档案差错、拆表差错、计量装接差错的电费退补流程。

1. 案例描述

某地市为了提升电费及营业业务质量,需要管理人员实时跟踪电费差错情况,以及时发现问题进行动态管控。营销大脑电费驾驶舱"指标预警配置"及"异常处置"功能会根据管理人员关注指标,主动提醒异常出现,辅助提升业务管控。

2. 处理方法

该地市电费专职登录营销大脑电费驾驶舱,在界面下方"在线协同"中找到"指标预警配置",如图 9-13 所示。

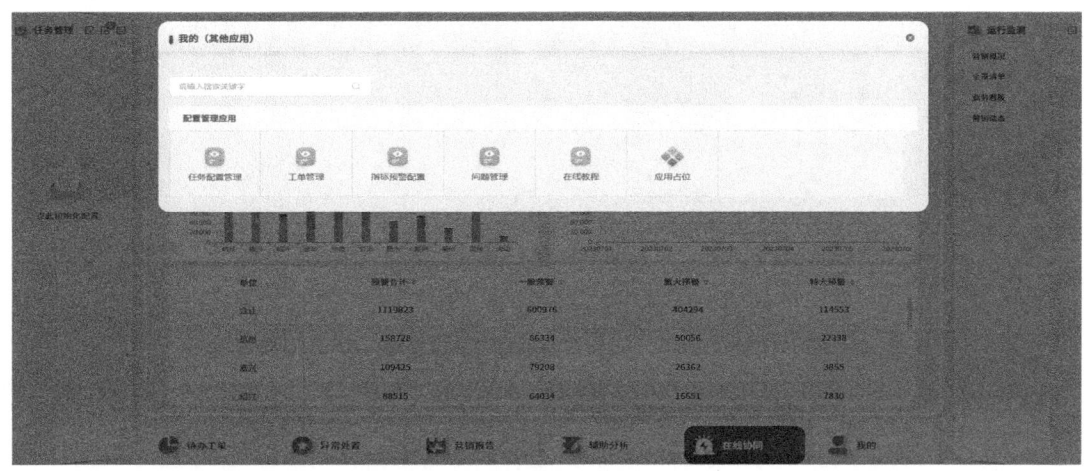

图 9-13　在线协同

然后,根据"指标预警配置"流程指引,以及管控要求设置预警指标以及预警规则,如图 9-14 所示。

图 9-14　指标预警配置

最后,营销大脑会根据设置的规则,每天帮助电费专职盯紧"电费差错率",一旦触发设置的阈值,将形成预警工单。电费专职可在驾驶舱主界面下方"异常处置"中进行预警工单查看及业务管控,如图 9-15 所示。

电费业务数智体系建设与应用

图 9-15 异常处理

附录 多回路供电用户系统内电源运行方式等流程参数设置要求

附表 1 多回路供电用户系统内电源运行方式等流程参数设置

<table>
<tr><th colspan="5">现场情况</th><th colspan="4">系统内流程参数设置</th><th colspan="2">基本电费计算</th></tr>
<tr><th rowspan="2">供电方式</th><th colspan="2">电源正常方式</th><th rowspan="2">受电点方案个数</th><th rowspan="2">运行容量</th><th rowspan="2">(电源方案)线路供电容量(正常运行方式下的容量)</th><th rowspan="2">高可靠性费用</th><th colspan="2">运行方式</th><th rowspan="2">联络方式</th><th rowspan="2">台区个数</th><th rowspan="2">容量计算</th><th rowspan="2">需量计算</th></tr>
<tr><th>联络方式</th><th>电源性质</th><th>运行方式</th></tr>
<tr><td rowspan="2">两线一变</td><td rowspan="2">一主一备</td><td rowspan="2">高压联络</td><td rowspan="2">1个</td><td rowspan="2">变压器容量</td><td>变压器容量</td><td rowspan="2">变压器容量</td><td>主供电源</td><td>运行</td><td rowspan="2">高压联络</td><td rowspan="2">1</td><td rowspan="2"></td><td rowspan="2">①当有多个计量点时,多个回路表计量值应取两回路表计量值较大值与核定值进行比较;一个计量点只有一个需量抄见值
②当计量点为一个时,按照现有规则进行计算</td></tr>
<tr><td>备用电源</td><td>冷备(热备)</td></tr>
</table>

续表

现场情况					系统内流程参数设置					基本电费计算	
电源正常方式	联络方式	受电点方案个数	运行容量(电源方案)线路供电容量(正常运行方式下的容量)	高可靠性费用	电源性质	运行方式	联络方式	合区个数	容量计算	需量计算
两线供两变 分列运行	高低压均不联络	1个	按变压器主备性质为主用和热备且运行状态的变压器容量之和计算	接线方式为高低压均不联络的,不收取高可靠费用	主供电源	运行	高低压均不联络	2		需量抄见应相加后与核定值比较
两线供两变 一主一备	高压联络(高压计量)		运行容量是该用户除拆除状态外的变压器容量之和	按照备用电源供电容量收取高可靠费用	主供电源	运行	高压联络	2	状态为"运行"的变压器容量和	高压计量应取两回路表计需量较大值与核定值进行比较
					备用电源	冷备(热备)				
	高压联络(低压计量)		该电源分别对应的变压器容量		主供电源	运行	高压联络	2		低压计量需量抄见应取两回路表计需量值之和与核定值进行比较[1]
					备用电源	冷备(热备)				

① 仅限存量用户,新增用户不允许采用该接线计量方式。